기다림은 낭비가 아니다

Waiting Isn't a Waste
Copyright © 2024 by Mark Vroegop
Published by Crossway, a publishing ministry of Good News Publishers
Wheaton, Illinois 60187, U.S.A.

This Korean translation edition © 2024 by Duranno Ministry, Seoul, Republic of Korea
This edition published by arrangement with Crossway.
All rights reserved.

이 책의 한국어판의 저작권은 Crossway와 독점 계약한 두란노서원에 있습니다.
신 저작권법에 의하여 한국 내에서 보호받는 저작물이므로 무단 전재와 무단 복제를 금합니다.

기다림은 낭비가 아니다

지은이 | 마크 브로갑
옮긴이 | 정성묵
초판 발행 | 2024. 9. 11.
5쇄 발행 | 2025. 6. 13.
등록번호 | 제1988-000080호
등록된 곳 | 서울시 용산구 서빙고로65길 38
발행처 | 사단법인 두란노서원
영업부 | 02)2078-3333 FAX | 080-749-3705
출판부 | 02)2078-3330

책값은 뒤표지에 있습니다.
ISBN 978-89-531-4907-6 03230

독자의 의견을 기다립니다.
tpress@duranno.com   www.duranno.com

두란노서원은 바울 사도가 3차 전도 여행 때 에베소에서 성령 받은 제자들을 따로 세워 하나님의 말씀으로 양육하던 장소입니다. 사도행전 19장 8-20절의 정신에 따라 첫째 목회자를 돕는 사역과 평신도를 훈련시키는 사역, 둘째 세계선교™와 문서선교 단행본·잡지 사역, 셋째 예수문화 및 경배와 찬양 사역, 그리고 가정·상담 사역 등을 감당하고 있습니다. 1980년 12월 22일에 창립된 두란노서원은 주님 오실 때까지 이 사역들을 계속할 것입니다.

///// 삶의 ///// 불확실성,

인생의 공백

/////

Waiting isn't a Waste

기다림은
낭비가 아니다

마크 브로갑 지음
정성묵 옮김

두란노

이 책을 향한 찬사들

오래전 한 친구가 내게 이런 말을 했다. '하나님을 기다리는 것보다 더 안 좋은 것은 그분을 기다릴걸 하며 후회하는 것이다.' 정도의 차이는 있지만 우리는 대부분 기다리는 것을 싫어한다. 하지만 우리는 모두 기다린다. 우리는 하나님을 기다린다. 그분의 시간표가 항상 우리의 시간표와 일치하지는 않기 때문이다. 우리는 기다리는 동안 무엇을 해야 하는가? 마크 브로갑은 하나님을 기다리는 것이란 우리 삶에 관해 모를 때 하나님에 관해 아는 진리에 따라 사는 것이라고 가르친다. 어떻게 기다려야 하고 왜 그렇게 해야 하는지를 분명하고 성경적이며 변화를 일으키는 방식으로 알려 준 마크 브로갑에게 감사하다. 보물과도 같은 책이다!
크로포드 로리츠_ 펠로십바이블교회 수석목사,
Beyond Our Generation 설립자

기다림은 인생에서 가장 어려운 부분 중 하나이면서도 가장 흔한 부분이다. 대부분의 삶은 기다림을 포함한다. 그런데 현대 삶의 속도는 모든 기다림을 인생의 낭비로 보게 만든다. 마크 브로갑은 하나님을 기다리기 위한 성경적 틀을 제시하면서 기다림의 시간을 예배와 성장의 기회로 받아들이라고 초대한다. 바른 관점에서 보면 기다림은 만족과 평온으로 가는 길이다. 기다림은 삶을 하나님이 의도하신 대로 건강하게, 자발적으로 받아들이는 것이다. 이 시대에 꼭 필요하면서도 읽기도 쉬운 이 책은 모든 독자를 좋은 방향으로 변화시킬 것이다.
개빈 오틀런드_ 기독교변증유튜브채널 Truth Unites 운영자,
제일침례교회 담임목사

기다림은 우리의 현재 상황과 이루어지지 않은 기대 사이의 공백을 채운다. 우리가 답답하고 실망하고 혼란스럽고 사람들에게 잊힌 것처럼 느낄 때 마크 브로갑의 새 책 《기다림은 낭비가 아니다》는 하나님이 우리를 변화시키기 위해 역사하고 계신다는 점을 분명하게 상기시킨다. 이 책은 우리의 삶을 향한 하나님의 계획을 이해할 수 없을 때 그분에 관해 아는 진리에 따라 살라고 촉구한다. 유용하고 꼭 필요한 책이다.
멜리사 크루거_《어디 가든 무엇을 하든, 사랑해 예수님을》 저자

성경에서 기다림에 관해 그토록 많이 말하고 있는 줄을 전에는 전혀 몰랐다. 참을성이 없기로 유명한 사람인 나 자신을 돌아보면 전혀 뜻밖의 일은 아니다. 이 책은 하나님이 나를 비롯해 우리 시대의 사람들에게 주시는 선물이다. 이 책에 담긴 성경적이고 실천적인 지혜는 우리에게 절실히 필요한 것이다.
대니엘 에이킨_ 사우스이스턴침례신학교 총장

이 개인적이고도 심오한 책에서 마크 브로갑은 삶의 기다림 속에 있는 구속을 보여 준다. 실천적인 조언과 신학적인 명료함, 개인적인 따스함으로 버무려진 이 책은 기다림을 그리스도인의 삶을 변화시키는 영적 훈련으로 제시한다. 이 훈련을 통해 하나님과 더 깊이 연결되면 삶 속에 평안이 찾아온다. 항상 조급하고 미친 듯이 질주하는 우리 시대에 이 책은 진정한 제자들의 반문화적 삶에 관한 성명서다.
마이클 린지_ 테일러대학교 총장

이 책은 기다림을 비생산적이고 짜증스러운 것으로 여기는 모든 사람에게 중요한 책이다. 병원 대기실에서, 적색등 앞에서, 우리를 두려움과 불안과 의심에 빠지게 만드는 인생의 위기 앞에서, 우리는 좀처럼 기다림을 친구로 보지 않는다. 감사하게도 마크 브로갑이 기다림에 대한 우리의 관점을 근본적으로 바꿔 놓는 새로운 성경적 관점을 들고 나타났다. 저자 자신의 경험에서 나온 이 책의 실천적 단계들은 인생의 기다림을 새롭게 이해하게 해준다. 이 책은 우리의 삶이 멈춘 것처럼 보일 때 우리의 유익과 자신의 영광을 위해 역사하시는 하나님을 믿고 의지할 수 있게 해준다.

조 스토웰_ 무디신학교 전 총장

기다림의 실천 신학을 회복시키는 것만큼 사람들의 관심 밖에 있지만 더 절실하게 필요한 일은 별로 없을 것이다. 기다림과 소망, 기다림과 의도성, 기다림과 하나님의 신실하심, 기다림과 인내하는 기독교 공동체의 교차점에 관한 통찰로 가득한 책이다. 성경의 핵심들을 담아낸 이 책은 당신과 내가 하루하루를 살아가는 방식을 근본적으로 변화시킬 것이다.

알레스데어 그로브스_ *Untangling Emotions* 저자

나는 기다림에 서투르다. 아니, 지독히 서투르다. 최근 이 문제에 관해 많이 생각했다. 그러던 차에 이 귀하고 시기적절한 책을 알게 되어 얼마나 감사했는지 모른다. 《기다림은 낭비가 아니다》는 내 조급성을 떨쳐 내고 기다림이 우리 모두를 위한 하나님의 선한 계획의 일부라는 점을 기억하기 위해 꼭 필요한 책이었다. 마크 브로갑이 쓰는 모든 글은 명료하고 성경적이고 실용적이고 사려 깊다. 이 책도 예외는 아니다. 당신이 목사든 교인이든 그냥 기다림 속에서 소망을 찾는 누군가이든, 이 책은 바로 당신을 위한 책이다. 일찍이 이와 같은 책을 본 적이 없다.

브라이언 크로프트_ Practical Shepherding 대표

마크 브로갑을 안내자로 삼으면 기다리는 법을 배우는 것이 인생 최고의 여행 중 하나가 될 수 있다. 브로갑은 우리가 괴로움과 불안의 긴 시간으로 여기는 경험을 하나님이 어떤 분이며 우리를 얼마나 세심하게 돌봐 주는지를 발견하기 위한 기회로 보라고 말한다. 그는 기다림이 얼마나 힘든지를 무시하거나 기다림 속에서 우리가 느끼는 불안을 대수롭지 않게 여기라고 말하지 않는다. 다만 기다림을 받아들이라고 권면한다. 그렇게 할 때 번영의 길로 들어서기 때문이다.

다비 스트릭랜드_ 기독교상담재단 CCEF 상담자, *Is It Abuse?* 저자

《기다림은 낭비가 아니다》는 모든 독자를 위한 시기적절하고 실질적인 격려로 가득하다. 이 책은 기다림을 어떻게든 피하려고 하지 않고 오히려 하나님의 선물로 받아들이도록 도와준다.

루스 초 시몬스_ *Now and not yet* 저자, GraceLaced 설립자

○

오직 여호와를 앙망하는 자는 새 힘을 얻으리니
......
달음박질하여도 곤비하지 아니하겠고
걸어가도 피곤하지 아니하리로다
(이사야 40:31, 개역개정)

Those who wait upon God get fresh strength
......
They run and don't get tired,
They walk and don't lag behind
(ISAIAH 40:31, MSG)

CONTENTS

이 책을 향한 찬사들 · 4
추천의 글_ 그리스도인에게 기다리는 시간이란 · 12
추천의 글_ 기다림을 허비하고 있다면 · 14

프롤로그_ 어떻게 기다릴 것인가 · 20

1 묵묵히, 기다립니다 · 34
2 자주, 기다립니다 · 56
3 간절을 붙들며, 기다립니다 · 80

4 인내로, 기다립니다 · 109
5 적극적으로, 기다립니다 · 138
6 함께, 기다립니다 · 160

에필로그_ 인생의 공백들, 하나님으로 채우다 · 185

부록

인생의 공백기에 붙들 하나님의 말씀들 · 199

주 · 211
참고문헌 · 215

추천의 글

그리스도인에게
기다리는 시간이란

빠름을 미덕으로 생각하곤 하는 세상 속에서 마크 브로갑은 이번 책을 통해 우리의 통제 욕구를 꺾고 하나님을 바라는 기다림의 유익과 기쁨을 이야기한다. 우리는 기다리는 시간을 낭비하는 시간, 공백의 시간으로 여기고는 하지만 그리스도인에게 하나님을 기다리는 시간이란 절대 헛된 시간이 아니다. 오히려 하나님의 도우심을 기대하며 하나님과 더욱 친밀한 관계를 쌓아 나갈 수 있는 기회다.

우리가 가만히 있을 때 하나님이 하나님 되심을 알 수 있다는 성경의 말씀처럼, 마크 브로갑은 기다림이라는 불확실성을 하나님에게 모두 의탁한 채 담담히 세상을 살아갈 방법을 우리에게 알려 준다.

우리는 우리 삶을 모르지만 하나님께서는 모두 알고 계신다. 머리로는 알고 있지만 기다림의 시간이 막연하게 느껴지는 성도들에게, 또 인생의 여정 속 하나님의 주권을 인정하고 기대하는 마음으로 그분을 따르기를 원하는 그리스도인들에게 이 책을 추천한다.

김병삼
_ 만나교회 담임목사

추천의 글

기다림을
허비하고 있다면

 이 글을 쓰는 지금 나는 기다리고 있다. 분명 당신도 기다리고 있을 것이다. 나는 아주 오랫동안 외국에서 지내고 있는 자녀가 돌아오기를 기다리고 있다. 한 친구의 검진 결과가 나오기를 기다리고 있고, 가족 중 한 명이 예수님을 믿기를 기다리고 있다. 또한 여러 형태의 슬픔이 가라앉기를 기다리고 있다.

오겠다고 한 날짜가 사흘이나 지난 수리공도 기다리고 있다. 텍사스주 여름의 살인 더위가 마침내 가을의 서늘한 날씨에 자리를 내줄 때를 기다리고 있다. 그런데 내 기다림의 수준은 천차만별이다. 기다림에 대한 나의 모든 반응이 나를 성인의 후보로 만들어 줄 만큼 훌륭하지는 못하다.

기다림이 제거해야 할 악으로 간주되는 세상

우리는 우리의 심정을 대변해 준 위대한 싱어송라이터 톰 페티(Tom Petty)에게 막대한 빚을 지었다. 그는 Hard Promise 음반에서 첫 번째 곡으로 〈더 웨이팅(The Waiting)〉을 불렀다. 그렇다. 그의 노래 가사 중에서 "기다림은 가장 힘든 부분이다"(The waiting is the hardest part)라는 구절이 있다.[1] 이보다 더 솔직한 노랫말이 또 있을까 싶다.

실제로 나는 잘 기다리지 못한다. 사실 나는 페티의 곡이 선풍적인 인기를 끌던 1981년대 사람들보다 기다림에 훨씬 더 서투르다. 연구가들은 인간이 한 사물에 집중하는 평균 시간이 2000년도의 12초에서 2015년에 8초로 줄어들었다고 말한다. 이는 현재 인간의 주의력 집중 시간이 공식

적으로 금붕어보다도 무려 1초나 적다는 뜻이다.[2]

우리는 즉각적인 만족의 문화 속에서 살고 있다. 스트리밍 서비스를 통해 몇 초 만에 영화나 드라마를 볼 수 있다. 아마존은 제품을 당일 배송하고, 구글은 우리 질문에 즉각 답을 준다. 교통 상황에 따라 경로를 계속해서 변경해 주는 앱 덕분에 우리는 출퇴근 시간의 기다림을 최소화할 수 있다. 우리는 목적지로 가는 길에 방향을 잃고 기다리는 짜증나는 상황을 조금도 참지 못한다. 다시 말해, 우리는 금붕어들을 만족시킬 뿐 아니라 금붕어들을 양산하는 세상에서 살고 있다. 기다림은 추구해야 할 덕목이 아니라 제거해야 할 악으로 취급받는다. 그렇게 기다림을 적으로 여기다 보니 예상한 시간이 넘어가면 곧바로 분노와 짜증이 폭발한다.

그리스도인들에게 기다림의 의미

하지만 그리스도의 제자들을 위한 좋은 소식이 있다. 변질된 세대 속에서 별처럼 빛나기 위한 단순한 방법을 찾고 있었다면 기다림 속에서 인내의 덕목을 기르라. 물론 이

것이 말처럼 쉽지는 않다. 드라이브스루에서 커피를 기다리는 것과 병이 낫거나 늦을 대로 늦어진 사과를 받기 위해 기다리는 것은 차원이 다르다. 우리가 평생 동안 경험하는 수많은 힘든 기다림은 난관인 동시에 그리스도를 닮아 가는 성장의 기회다.

기독교인이 아닌 사람들도 인내를 기르면 좋은데, 기독교는 신앙 자체가 인내의 종교다. 하나님의 자녀는 예나 지금이나 기다림을 명령받은 자들이다. 우리는 하나님의 나라가 온전히 임하기를 기다린다. 그런데 우리의 기다림은 불신자들의 기다림과 뚜렷하게 다르다. 그리스도의 완성된 사역이라는 반석 위에 소망을 둔 이들은 이를 악물고 억지로 기다리지 않는다. 요한계시록 22장 20절에 기록된 마라나타의 외침은 예수님께 '더는 기다리지 못하겠어!'라는 심정을 담고 빨리 오시라는 의미이지만, 하늘나라의 시민이 기다리기 힘들 때는 하늘이 도와준다. 인내는 성령의 열매 목록에서 네 번째 덕목이다. 성화되어 가는 사람이라면 삶 속에서 인내가 성장하는 모습이 나타나야 한다.

그런 이유로 지금 손에 들고 있는 이 책이 중요하다. 마크 브로갑은 당신이 그리스도인답게 기다리도록 돕기를 원한다. 그는 기다리는 당신 옆에 앉아 세월의 검증을 거친 성경의 원칙들로 인내하는 법을 보여 주기를 원한다. 무엇보다도 그는 '기다림 자체가 곧 도움'이라는 점을 보여 주기를 원한다. 더디게 풀려 나가는 줄거리, 짙은 안개처럼 자욱한 불화, 예상보다 오래 걸리고 견디기 힘든 상황에는 배울 것이 많다. 브로갑의 목소리는 우리에게 잘 기다리라고 권면하는 친구요 동료 여행자의 음성이다.

기다림 속에서 탄생한 열매

유명한 17세기 영국 시인이자 정치인 존 밀턴(John Milton)은 42세에 시력을 잃었다. 깊은 신앙과 행동의 사람이었던 그는 영구적인 손상, 그리고 그로 인해 새로운 제약과 씨름했다. 눈을 잃은 지 얼마 되지 않았을 때 그는 어둠의 멍에를 짊어진 탓에 육체적으로 예전처럼 하나님을 섬길 수 없는 상황을 돌아보며 〈소네트 19(Sonnet 19)〉를 썼다. 그 시에서 그는 이렇게 말한다. "가벼운 멍에를 가장 잘 지는 사람들이 그분을 가장 잘 섬긴다." 그는 자신의 실명에 목적이 있을지 모른다는 사실을 깨닫고 숨 막히도록 아름다운 마지막 행을 썼다. "서서 기다리기만 하는 사람들도 그분을 섬긴다." 10년 뒤 그는 기다림의 어둠 속에서 탄생한 가장 위대한 작품인 《실낙원》(*Paradise Lost*)을 발표했다.

기다린다고 해서 하나님을 섬길 수 없는 것이 아니다. 단지 다른 방식으로 섬길 뿐이다. 당신도 나처럼 이 책에서 당신이 감내해야 할 기다림을 위한 힘과 지혜를 발견하기 바란다. 큰 기다림이든 작은 기다림이든 그 기다림 속에서 인내하며 꾸준히 열매를 맺는 당신을 통해 하나님이 영광을 받으시기를 소망한다.

젠 윌킨(Jen Wilkin)

_성경교사, *You are Theologian* 저자

프롤로그

어떻게
기다릴 것인가

이 책은 '인생의 공백들'에 관한 책이다. 그리고 성경이 어떻게 하나님에 대한 기다림으로 그 불확실성의 공백들을 채우라고 명령하는지를 탐구한 책이다.

이는 새로운 개념이 아니다.

하나님을 기다리는 것은 성경 곳곳에서 발견되는 오래된 개념이다. 하지만 이를 무시하기 쉽다. 하나님을 기다리는 것을 '구식'으로 치부하기 쉽다. 그리스도인들이 너무 진지했던 옛 시대의 영적 주제쯤으로 여기기 쉽다. 나아가 사람들은 대부분 기다리는 것을 좋아하지 않는다. 그래서 우리는 인생의 공백들을 고작 참고 견뎌야 할 것 정도로 여긴다. 여기에 스트레스나 고통이나 긴 시간이 더해지면 어떤 느낌일지 짐작이 갈 것이다. 우리는 예배로 불확실성을 뚫고 나가면서 평안을 경험하기보다는 두려움이나 불안, 좌절감, 분노로 인생의 공백들을 채우는 경향이 있다.

많은 사람이 기다리는 시간을 낭비하는 시간으로 본다.

나도 그랬던 적이 있다. 아니, 지금도 그렇다.

이것이 내가 이 책을 쓴 이유다.

기다림 혐오증

저자가 자신의 전문성을 살려서 쓴 책들이 있다. 이 책은 그렇지 않다. 그럼에도 나는 이 안의 내용이 나 자신과 주변 사람들에게 절실히 필요하다고 느꼈기 때문에 이 책을 썼다. 솔직히 고백하자면 나는 기다리는 것을 못하는 정도가 아니라 본능적으로 기다림을 질색하는 사람이다. "다른 사람들도 다 그렇지 않은가?" 물론 그렇기는 하다. 하지만 내가 기다리지 못한다는 말은 그야말로 완전히 못한다는 뜻이다. 나는 오랫동안 이 문제와 씨름해 왔다.

내 이름에서 성에 관한 이야기로 시작해 보자. 발음하기 어려워 보이지만 생각보다 훨씬 쉽다. 내 성인 '브로갑'(Vroegop)은 네덜란드어다. 아마 당신은 네덜란드의 성이 대부분 실생활과 관련 있다는 사실을 몰랐을 것이다. 1800년대에 나폴레옹이 우리 선조들에게 각자 성을 선택하게 했기 때문이다. 어떤 집안들은 자신의 일과 관련한 성을 선택했다. 네덜란드에서 스훈마커르(Shoenmaker, 구두장이)와 바커르(Bakker, 제빵사), 메이어르(Meijer, 집사)가 그런 성이다. 특정 장소를 가문의 성으로 삼은 이들도 있다. 판 데르 메이르(Van der Meer, 호수에서)나 부가드(Boogaard, 과수원에서), 판

데르 몰런(Vander Molen, 방앗간에서) 같은 성이 그런 경우다.

그렇다면 나의 성은 어떤 의미일까? 브로갑(Vvroegop)은 문자적으로 '일찍 일어난다'(early up)라는 뜻이다. 지금 생각해도 웃음이 나온다. 생각해 보라. 우리 할아버지의 할아버지의 할아버지는 자신의 성을 무엇으로 정할지 고민하다가 아침 일찍 일어나는 것을 성으로 삼기로 했다. 우리 조상들은 '낮잠'이나 '느린' 혹은 '안식일을 준수하는 자'나 '잠꾸러기'를 선택할 수도 있었다. 하지만 그렇게 하지 않았다. 나의 성과 그 의미는 하나의 정체성을 만들어 낸다. 그렇다. 나는 일찍 일어나는 사람이다. 어릴 적에 부모님이 늘 일찍 일어나는 것과 생산적으로 활동하는 것과 자기절제를 강조하셨던 기억이 난다. 우리 어머니는 수시로 내게 "열심히 공부하고 열심히 놀거라"라고 말씀하셨다. 이 태도가 내 정체성의 일부다.

기다리지 않는 것이 곧 나의 성이다.

내 성격도 도움이 되지 않는다. 나는 철저한 행동파다. 나는 노력해서 뭔가를 이루는 것을 좋아한다. 뭐든 제대로 하고 망가진 것을 고치기를 좋아한다. 성격 테스트를 하면 십중팔구 나는 스트렝스파인더(Strengths Finder, 갤럽에서 만든 강점 찾기 테스트)에서 행동(Activator) 재능이 있는 것으로 나오고 에니어그램(Enneagram)에서는 유형 1인 개혁가로 나올 것이다. DISC 성격 유형 검사에서도 분명 같은 결과가 나올 것이다. 내게는 해야 할 일의 목록을 거의 다 지우고 난 뒤의 휴일이 가장 꿀맛이다. 나는 일을 할 때 에너지가 넘치며, 생산성에 관한 책을 많이 읽었다.

30년 전 프랭클린 플래너(Franklin Planner) 세미나에 참석했을 때 '남는 시간'을 최대한 활용한다는 개념에 깊이 매료되었다. 첫 직장에서 한 기독교 대학교 부총장이 내게 자신을 만나기 위해 기다리는 동안 일을 처리한 것에 대해 칭찬했던 일을 결코 잊지 못한다. 만약 내가 조용히 앉아서 공상에 빠져 있거나 그의 비서와 잡담을 했다면 그의 인정을 받지 못했을 것이다. 나는 여러 가지 일을 열심히 하면 보상이 따른다는 사실을 일찌감치 깨달았다. 그렇게 할 때 인정받는 느낌을 받았다.

안타깝게도 신학교 교육을 받고 목회를 하면서 나의 기다림 혐오증은 더 심해졌다. 나는 '인생 관리'(무릇 많이 받은 자에게는 많이 요구할 것이요 많이 맡은 자에게는 많이 달라 할 것이니라, 눅 12:48)와 '시간 절약'(세월을 아끼라 때가 악하니라, 엡 5:16)에 관한 성경 구절들에 끌렸다.

끝없이 몰려오는 일들 때문에 내 목회는 '5단 기어'로 질주했다. 어느 저명한 리더와 청교도가 하루에 네 시간밖에 잠을 자지 않는다는 사실을 알게 되었을 때 그것이 쉴 새 없이 일하기 위한 또 다른 이유가 되었다. 존 파이퍼(John Piper) 목사의 《삶을 허비하지 말라》(Don't Waste Your Life)를 읽고 하나님의 영광을 위해 영광스럽게 산다는 신학적 비전에 깊이 공감했다. 그때 나도 삶을 허비하지 않겠노라 굳게 결심했다.

하지만 내 삶을 허비하지 않으려고 애쓰다 보니 다른 뭔가를 낭비하고 말았다. 바로 나의 기다림을 낭비했다.

지난 몇 년 사이 하나님을 기다리는 것에 관한 내 생각과 실천이 얼마나 부족한지 여실히 깨달았다. 단 몇 개월이면 끝날 줄로만 알았던 글로벌 팬데믹이 2년간 지지부진하게 이어졌다. 문화적 분열과 교회 안의 논쟁은 모두에게 상처만 남겼다. 그때만큼 삶 속의 거대한 공백들을 절실히 느낀 적은 없다. 항상 무기력감을 느꼈다. 과도하게 일하고 과도하게 생각하고 과도하게 계획했던 옛 방식이 통하지 않자, 나는 이 불확실성의 골짜기를 불안과 두려움과 좌절감으로 채웠다. 나는 슬픔을 표출하는 법은 알았지만 이 극심한 긴장 속에서 하나님을 기다리는 법은 몰랐다.

나는 내 기다림을 낭비하는 행동을 멈추어야 했다.

지금도 마찬가지로 그렇게 해야 한다.

이 책의 목적

이 여행이 지금쯤 끝났다면 좋겠지만 이제 겨우 출발한 느낌이다. 아직 가야 할 길이 멀다. 고려해야 할 공백들이 많다. 인생은 여전히 불확실성으로 가득하다. 아마 당신도 마찬가지일 것이다.

혹시 당신이 이 책을 집은 것은 기다림의 기간에 있기 때문인가? 경력이나 연애, 결혼, 임신, 건강, 관계, 갈등과 관련해서 기다리는 중인가? 사실 인생은 기다림의 연속이므로 우리가 기다리는 이유는 이 외에도 수없이 많다. 기다림 속에서 좌절감이나 불안, 낮은 수준의 분노, 걱정, 냉소주의가 점점 심해지고 있는가? 그런 상황을 바꾸고 싶은가? 기다림을 남들보다 잘 못해서 어떻게 하면 이 영역에서 성장할 수 있을지 고민인가? 혹은 곧 다가올 시기를 위해 하나님이 당신을 준비시키고 계실지도 모른다. 그렇다면 이 책이 그 시기를 준비하기 위한 좋은 방법 중 하나가 될 수 있다. 어떤 경우든 이 주제에 관해 고민하기 시작한 것은 잘한 일이다.

모든 사람이 기다림 속에 살고 있다.

그런데 내가 볼 때 우리는 기다림을 그리 잘하지 못한다.

이 책의 목적은 당신이 기다림을 더 잘하도록 돕는 것이다. 내 목표는 다음과 같은 정의를 풀어내는 것이다. "하나님을 기다리는 것은 당신의 삶에 관해서 모를 때 그분에 관해서 아는 진리에 따라 사는 것이다." 당신이 이 책을 다 읽고 덮을 때쯤 더 이상 당신의 기다림을 낭비하지 않게 되기를 바란다. 기다림을 구속적이고 유익한 것으로 보게 되기를 바란다.

우리는 어떻게 기다리는가

이 책은 우리 모두에게 기다릴 때가 온다고 전제한다. 문제는 이것이다. 하나님을 어떻게 기다려야 변화와 평안으로 이어질 수 있을까?

나와 함께 계속해서 여행하면 알게 되겠지만, 기다림은 구약과 신약에서 계속 나타나는 주제이다. 아마 기다림에 관해 가장 잘 알려진 성경 구절은 이사야서 40장일 것이다. 이 구절은 하나님이 국가적인 불확실성과 개인적인 고통을 마주한 그분의 백성에게 주신 약속이다. 이스라엘 백성은 하나님이 자신들을 잊어서 회복의 소망이 없을 것을 걱정하고 있었다. 이사야는 그들에게 하나님이 어떤 분이신지를 상기시키고, 새 힘에 관한 약속을 제시한다.

> 야곱아 어찌하여 네가 말하며 이스라엘아 네가 이르기를 내 길은 여호와께 숨겨졌으며 내 송사는 내 하나님에게서 벗어난다 하느냐 너는 알지 못하였느냐 듣지 못하였느냐 영원하신 하나님 여호와, 땅 끝까지 창조하신 이는 피곤하지 않으시며 곤비하지 않으시며 명철이 한이 없으시며 피곤한 자에게는 능력을 주시며 무능한 자에게는 힘을 더하시나니 소년이라도 피곤하며 곤비하며 장정이라도 넘어지며 쓰러지되 오직 여호와를 앙망하는 자는 새 힘을 얻으리니 독수리가 날개치며 올라감 같을 것이요 달음박질하여도 곤비하지 아니하겠고 걸어가도 피곤하지 아니하리로다(사 40:27-31).

이 얼마나 놀라운 약속인가! 나는 이 성경적 비전을 이해하고 품고 싶다. 나는 이 구절에서 약속된 능력과 힘과 지구력을 갈망한다. 당신도 그렇지 않은가? 기다림의 시간을 낭비하는 것이 몹시 싫고 괴롭다. 당신도 그렇지 않은가? 나는 하나님을 기다리는 법을 배우고 싶다.

이 책은 여섯 개의 장으로 구성되어 있다. 우리가 기다릴지 말지는 문제가 아니다. 모든 사람이 기다림을 경험한다. 따라서 중요한 것은 기다림의 '방식'이다. 각 장은 기다림의 방식들 중 하나를 다룬다.

자, 하나님을 어떻게 기다릴 것인가?

* 묵묵히: 기다림은 힘들다
* 자주: 기다림은 흔하다
* 말씀을 붙들며: 기다림은 성경적이다
* 인내로: 기다림은 느리다
* 적극적으로: 기다림은 명령이다
* 함께: 기다림은 관계적이다

기다림은 단순히 인간 삶의 일부가 아니라 기독교의 핵심적인 것이다. 이것이 구약과 신약에서 기다림에 관해 그토록 자주 이야기하는 이유다. 고난과 십자가를 포함한 많은 것이 그렇듯, 하나님은 고통스럽고 혼란스러운 것을 변화시키고자 하신다. 이것도 성경에서 그리스도인들에게 기다리라고 명령하는 이유 중 하나다. 하나님의 관점에서 기다림은 좋은 것이다.

하지만 그렇다고 기다림이 쉽다는 뜻은 아니다.

인생은 공백들로 가득하다. 기다려야 할 순간이나 시기가 많다. 그런데 조심하고 신중하지 않으면 영적으로 무익한 반응으로 그 공백들을 채우게 될 수 있다. 이어지는 페이지들에서 당신은 하나님에 관한 진리들로 인생의 공백들을 채우는 법을 발견할 것이다. 하나님을 기다리는 법을 배우게 될 것이다. 나아가 전형적인 유혹들을 떨쳐 내고 예배로 불확실한 시기를 뚫고 나가는 법을 배울 것이다. 기다림을 단순한 지체로 보지 않게 되기를 바란다. 이 여행을 통해 하나님을 기다릴 때 찾아오는 뜻밖의 위안과 평안을 함께 발견해 보자.

기다림은 낭비가 아니다. 그 이유가 무엇인지, 그리고 어떻게 하면 기다림을 낭비하지 않을 수 있는지를 함께 배워 보자.

기다리는 법을 배우려는 이들을 위한 질문

1. 기다림에 대한 당신의 기질과 태도는 무엇인가?

2. 이 책을 고른 이유를 설명해 보라.

3. 어떤 교훈을 배우거나 어떤 질문에 대한 답을 얻고 싶은가?

4. 하나님을 잘 기다렸던 시기를 묘사해 보라. 그렇지 않았던 시기는 어떠했는가?

5. 하나님을 기다리는 법을 배우고 싶다는 갈망을 표현한 기도문을 써보라.

/////////

/////////

o

Waiting isn't a Waste

o

내 삶의 진실이 무엇인지 모를 때
하나님에 대해 내가 알고 있는
진리에 따라 생활하는 것,

　이것이 바로
　'하나님을 기다린다'는 것의 정의이다.

//////////

1.
묵묵히
_____ 기다립니다

: 기다림은 힘들다

○

> 내가 부르짖음으로 피곤하여
> 나의 목이 마르며
> 나의 하나님을 바라서(기다려서)
> 나의 눈이 쇠하였나이다(시 69:3).

당연한 사실에서 출발해 보자. 기다림은 힘들다.

이 책을 집어들었다면 분명 이 사실을 알기 때문일 것이다. 혹시 원치 않게 기다려야만 하는 시간을 지나고 있는가? 이런 시간이 얼마나 힘든지를 경험하고 있는가? 불확실성의 시기가 처음 시작될 때는 씩씩했지만 조금씩 불안이나 좌절감이 싹트는 것을 느꼈는가? 의식하든 의식하지 못하든 우리는 상황이 어느 정도면 끝나야 한다는 판단을 한다. 그런데 그때까지 기다리는 시간이 힘들거나 시간이 예상보다 길어지면 점점 불안해지기 시작한다.

기다림은 대개 우리가 생각하거나 인정하는 것보다 훨씬 더 힘들다.

내가 볼 때 대부분의 사람들은 기다리는 것을 싫어한다. "기다리게 되어서 얼마나 좋은지 몰라"라고 말하는 사람을 본 적이 있는가? 그렇게 말하는 사람이 있다면 이상한 사람이거나 거짓말을 하는 것이다. 한 친구를 만나 주말에 어떻게 지냈는지 묻는다고 해보자. 친구가 "토요일에 3시간이나 기다렸어"라고 말하면 당신은 어떤 반응을 보이겠는가? 분명 안타까운 표정을 지을 것이다. 기다림은 짜증, 심지어 화를 유발하는 시간이다.

우리는 대부분 기다림이라면 질색한다.

우리 사회는 이런 성향을 더 악화시킨다. 빠른 속도와 즉각적인 응답, 빠른 결과의 문화 속에서는 덜 기다리는 것이 성공의 척도 중 하나다. 덜 기다리는 것이 지위를 상징한다. 디즈니월드(Disney World)에 가봤는가? 패스트 패스(FastPass, 대기줄 없이 놀이기구를 타는 것) 티켓을 구매하면 줄을 서지 않아도 된다. 패스트푸드 식당의 카운터에 가면 드라이브스루 창문 위를 한번 보라. 아마 시계가 있을 것이다. 그 시계는 주문받은 음식을 준비하는 데 걸리는 시간을 보여 준다. 가까이 가서 보면 화이트보드 위에 목표 시간이 적혀 있다. 대기 시간을 줄이는 직원들은 보상을 받는다. 심지어 공항들은 수화물 찾는 곳을 터미널에서 먼 곳에 마련하기 시작했다. 승객들이 수하물 컨베이어 벨트 앞에서 오래 기다리느니 멀리 걸어가는 편을 선호하기 때문이다. 당신은 웹 사이트나 동영상이 다운로드 되기까지 몇 초나 기다릴 수 있는가? 아마 몇 초 기다리지 못하고 다른 뭔가를 클릭할 것이다. 버퍼링에 대한 우리의 참을성은 계속해서 줄어들고 있다. 우리 사회에서는 효율성과 신속함이 성공의 지표다. 시간이 곧 돈이다. 그렇지 않은가?

우리 사회에서는 기다림을 가치 있게 여기지 않는다.

기다림의 영적 가치에 관해 배우기 위해서는 이런 배경을 이해하는 것이 중요하다. 우리의 안과 밖에는 지체와 불확실성이 나쁜 것이라는 가정이 깊이 뿌리를 내리고 있다. 하지만 이 책을 읽다 보면 기다림이 가치 있는 것이라는 사실을 이해하게 될 것이다. 기다림은 좋은 것이다. 무엇보다도 기다림은 성경에서 명령하고 있는 것이다. 이 사실을 마음 깊이 새기라.

성경은 우리의 모든 것과 우리 주변의 모든 사람이 부정적으로 보는 뭔가를 칭찬하고 명령한다.

따라서 우리 안팎에서 많은 변화가 있어야 한다.

기다림에 관한 정의

앞서 나가기 전에 '기다림'에 대한 성경의 정의부터 살펴보자. 구약에서는 몇 개의 히브리어 단어가 사용된다. 다음 장에서 각 단어들의 미묘한 차이들을 살펴볼 것이다. 일단 여기서는 이 단어들의 공통적인 의미를 짚고 넘어가자. 공통적인 의미는 무언가 혹은 누군가를 고대하는 것이다.[3] 공백이 나타나면 우리는 공백을 채워 줄 뭔가를 찾거나 소망한다. 영적인 관점에서 보면 하나님은 그분 자신이나 그분의 계획 혹은 그분의 약속으로 그 공백을 채워 주신다. 벤 패터슨(Ben Patterson)은 이 점을 이렇게 표현한다. "기다림은 하나님이 약속하신 것을 향해 가는 믿음의 여행이다."[4]

성경에서 '기다리다'라는 단어를 보면 그 기다림의 대상을 찾는 것이 중요하다. 몇 가지 예를 보자.

° 내가 **여호와를** 기다리고 기다렸더니 (시 40:1).

° 나의 **하나님을** 바라서(기다려서)

　나의 눈이 쇠하였나이다(시 69:3).

° 나 곧 내 영혼은 **여호와를** 기다리며

　나는 주의 말씀을 바라는도다(시 130:5).

신약에서도 같은 사례를 찾을 수 있다. 기다림은 하나님의 역사와 관련된 다른 단어 및 개념들과 연결되어 있다.

° **양자 될 것**…을 기다리느니라(롬 8:23).
° **복스러운 소망**…을 기다리게(딛 2:13).
° **하나님의 날이 임하기를** 바라보고(기다리고)

　간절히 사모하라(벧후 3:12).

이 구절들을 함께 살펴보면 성경적 기다림은 우리가 바라는 대상 혹은 신뢰를 두는 대상과 연결되어 있음을 알 수 있다. 이처럼 삶의 공백들은 믿음의 기회를 제공한다. 번역자들이 '소망'으로 번역한 단어는 다른 구절에서 '기다림'으로 번역되곤 한다(시 69:6; 사 8:17; 렘 14:22를 보라). 이는 기다림과 소망이 서로 중첩되는 개념들이기 때문이다.

기다리는 것은 소망으로 바라보는 것이다.

앤드류 머리(Andrew Murray)는 1800년대에 이 주제에 관한 최고의 책 가운데 하나를 썼다. 내가 하나님을 기다리는 것을 구식으로 치부한 것에 관해서 말했던 것을 기억하는가? 앤드류 머리는 《하나님만 바라라》(*Waiting on God*)라는 책을 한 달 동안 읽을 수 있게 31개 장으로 나누었다. 나는 이 책에서 그의 인용문을 많이 사용할 것이다. 그의 열정을 회복해야 한다고 생각하기 때문이다. 나아가 이 고전은 하나님을 기다리는 것에 관한 나의 시각에 그 어느 책보다도 많은 영향을 미쳤다. 그의 주된 메시지는 한 인용문에 잘 정리되어 있다. "하나님을 기다리는 것은 복이다. 하나님을 기다리면 우리의 눈과 생각이 우리 자신, 심지어 우리 자신의 욕구와 갈망에서 벗어나 오직 우리 하나님께 집중되게 된다."[5]

프롤로그에서 말했듯이 나는 기다림에 관한 이 비전을 제시하고자 한다. "당신의 삶에 관해 모를 때 그분에 관해 아는 진리에 따라 사는 것"이다. 이 비전을 올바로 실천하는 것은 곧 삶의 공백들을 하나님께 소망을 두기 위한 기회로 보는 것을 의미한다.

성경적 기다림은 하나님을 바라는 것이다.

안타깝게도 우리의 기다림이 항상 이 방향으로 이어지

는 것은 아니다. 우리는 다른 것으로 삶의 공백들을 채울 때가 많다. 이런 잘못된 방식의 기다림은 우리가 통제할 수 없는 상황에서 어디에 믿음을 두는지를 보면 알 수 있다.

기다림은 우리가 무엇에 소망을 두는지를 드러낸다. 좋은 기다림도 있고 나쁜 기다림도 있다.

그리고 기다림은 대체로 힘들다.

낭비된 기다림

성경은 낭비된 기다림의 사례들을 보여 주며, 이 사례들은 힘든 시기와 관련이 있다. 시편 기자는 다음과 같이 말한다.

> 그들은 그가 행하신 일을 곧 잊어버리며 그의 가르침을 기다리지 아니하고 광야에서 욕심을 크게 내며 사막에서 하나님을 시험하였도다(시 106:13-14).

보다시피 이 구절은 그릇된 기다림을 그릇된 갈망과 연결하고 있다.

성경에 여러 사례가 있지만 가장 유명한 두 이야기를 살펴보자. 두 사건 모두 출애굽 이후에 일어났다. 이 사건들은 기다림이 힘들다는 사실을 보여 주고, 기다림이 왜 그토록 힘든지에 관한 몇 가지 힌트를 제공한다.

"왜 우리를 이곳으로 데려왔는가?"

첫 번째 사건은 홍해 해변에서 일어났다. 이 사례에서 주목할 만한 점은 믿음의 부족만이 아니라 이 일이 기적을 경험한 지 얼마 되지 않아 일어났다는 사실이다. 사람들이 모세의 리더십을 의심하여 거의 폭동에 가까운 소동이 벌어졌다. 사람들이 극심한 영적 위기를 맞았다.

출애굽기 7-12장에서 성경은 열 가지 재앙을 통한 기적적인 구원의 사건을 기록한다. 이스라엘 백성은 하나님의 놀라운 능력을 두 눈으로 똑똑히 보았다. 그들은 하나님의 보호하심을 경험했다. 하나님은 약속을 지키셨다. 그들은 그것을 직접 보았다. 하지만 그들의 믿음은 오래가지 않았다.

그들 앞에는 극복 불가능해 보이는 장애물이 놓여 있었

다. 바로 홍해였다. 설상가상으로 뒤에는 애굽 군대가 그들을 죽이기 위해 빠른 속도로 진군해 오고 있었다. 도무지 죽음을 피할 수 없는 상황처럼 보였다. 마음이 변한 바로는 분노에 휩싸여 하나님의 백성을 추격했다. 저 멀리서 애굽의 대군이 일으키는 먼지구름이 보였다. 진퇴양난이었다. 상황이 좋지 않았다.

그때부터 비난이 쏟아지기 시작했다.

"네가 우리를 다 죽이려고 하는구나!"
"도대체 무슨 생각으로 이런 일을 벌인 거냐?"
"좋은 생각이 아니라고 했지?"
"이건 실수야. 돌아가야 해." (출 14:11-12를 보라)

모두 어리석은 말이다. 하지만 우리 모두에게 익숙한 말이기도 하다. 감정이 격해졌을 때 우리 입에서 흔히 나오는 말이다. 기다림에 지쳐 경솔하고 영적으로 미성숙한 말을 했던 때가 생각나지 않는가? 공포는 악한 반응을 이끌어 내기 쉽다. 나도 그런 적이 많다. 분명 당신도 그런 적이 있을 것이다.

이스라엘 역사 속의 이 순간은 기다림의 실패에 관한

유명한 사례 중 하나가 되었다.

이야기의 나머지 부분은 잘 알 것이다. 하나님은 홍해를 갈라 그분의 백성을 구하고 바로와 그의 군대를 멸절시키셨다. 이 일은 하나님의 구원을 대표하는 사건이 되었다. 하지만 홍해가 갈라지기 전에 모세는 백성을 이렇게 꾸짖었다. "여호와께서 너희를 위하여 싸우시리니 너희는 가만히 있을지니라(혹은 기다릴지니라)"(출 14:14).

백성이 모세에게 쏟아부은 어리석은 말들에 관해 잠시 생각해 보라. 이런 말은 건널 수 없는 홍해와 그들을 죽이기 위해 달려오는 바로의 군대 사이의 공백에서 나타났다. 이런 비난이 어디에서 왔다고 생각하는가? 다시 말해, 그 동기는 무엇인가? 이 공격적인 말 이면에 무엇이 있는지 진단해 보라. 그들은 어떤 종류의 통제력 상실을 느끼고 있었을까? 물론 그들이 느꼈던 압박감은 우리가 감히 상상할 수 없지만, 그들의 반응 이면에 있던 것을 한번 생각해 보라. 당신이 답을 고민하는 동안, 기다림의 실패에 관한 또 다른 유명한 사건 하나를 소개한다.

"그가 어떻게 되었는지 우리는 모른다!"

두 번째 큰 실패는 시내산의 산자락에서 나타났다. 이는 황금 송아지를 둘러싼 비극적인 이야기다. 악명 높은 우상숭배에 관한 이야기다. 출애굽기 32장은 모세가 산에 올라가 있는 동안 백성이 아론을 압박하여 숭배할 우상을 만들게 한 사건을 기록하고 있다. 사람들은 애굽을 떠날 때 받은 황금을 내놓았다. 그리고 그 황금으로 황금 송아지를 만들어 숭배하며 이렇게 말했다. "이스라엘아 이는 너희를 애굽 땅에서 인도하여 낸 너희의 신이로다"(출 32:4). 그들이 불과 몇 주 전에 구원받았다는 사실을 생각하면 너무 황당한 일이었다. 하지만 상황은 점입가경으로 흘렀다. 그들은 축제를 열어 "일어나서 뛰놀더라"(출 32:6). 이는 난잡한 성행위에 대한 완곡한 표현이다. 산꼭대기에서 십계명을 받는 모세와 가증스러운 우상숭배를 자행하는 하나님의 백성. 실로 충격적인 대조가 아닐 수 없다. 이 사건은 지독한 반항의 사례다.

하지만 이 사건은 그냥 일어나지 않았다.

그 이면에 기다림의 실패가 있었다.

출애굽기 32장은 분명히 말한다. "백성이 모세가 산에서 내려옴이 더딤을 보고 모여 백성이 아론에게 이르러 말하되 일어나라 우리를 위하여 우리를 인도할 신을 만들라 이 모세 곧 우리를 애굽 땅에서 인도하여 낸 사람은 어찌 되었는지 알지 못함이니라"(출 32:1). 하나님은 모세를 산 위로 부르셨다. 그 뒤로 40일이 지났고, 그의 부재는 공백을 만들어 냈다. 감정적인 공백 위에서 강력하고 어리석은 감정들이 솟아났다. 홍해에서 그들은 하나님의 구원을 믿지 못했다. 그런데 시내 산에서는 한술 더 떠서 노골적인 우상숭배를 자행했다. "우리를 위하여 신을 만들라." 그들은 자신들이 상황을 통제하는 것처럼 느끼게 해줄 다른 신들을 만들어 냈다. 그들은 거짓 신으로 삶의 공백을 채웠다.

기다림의 실패는 영적 몰락과 어리석은 선택들로 이어질 수 있다.

이번에도 문제를 진단해 보길 바란다. 이스라엘 백성이 시내 산자락에서 보여 준 감정들과 문제들은 무엇이었는가? 당신 자신을 이 상황 속에 놓아 보라. 당신의 리더가 아무런 기약도 소식도 없이 40일간 모습을 드러내지 않으면 어떤 감정이 들겠는가? 당신이 무엇을 통제하고 있다는 느낌을 잃게 될까? 기다림이 어떤 감정을 끌어낼까? "이건 있을 수 없는 일이야!"라고 말하게 될까? 두려움이나 불안감이 걷잡을 수 없이 커질 때 당신은 무엇에 기대게 될까?

구약의 이 사례들을 돌아보고 자기반성을 하면서 이런 식으로 공백을 채우면 얼마나 큰 결과가 따르는지를 명심하라. 이는 결코 작은 문제가 아니다. 심각한 문제다. 기다림은 우리를 한계까지 몰아붙인다. 그러면 끔찍한 말을 내뱉고 후회할 행동을 할 수 있다.

때로 우리는 기다림이 얼마나 힘든지를 제대로 알지 못해서 올바른 방식으로 기다리지 못한다.

언제 기다림이 힘든가

우리가 기다림을 낭비하는 이유 중 하나는 기다림이 얼마나 힘들고 왜 그런지를 계산하지 않는 것이다. 출애굽기의 두 사례를 돌아보라. 당신의 삶에서 기다렸던 시기를 돌아보라. 그리고 나서 기다림이 언제 힘든지에 관해 생각해보자. 언제 기다림이 힘든지를 알면 기다림이 힘든 이유를 이해할 수 있다.

인생이 불확실할 때

기다림은 대개 불확실성을 수반하며, 불확실성은 우리를 불안하게 만든다. 어떤 일이 벌어지고 있는지 모르거나 정보가 없을 때 앞으로 나아가는 것은 쉽지 않은 일이다. 데이터나 해석이 없으면 문제를 예방하거나 관리하기가 힘들다. 이런 상황은 위협으로 느껴질 수 있다. 정보를 알아야 해법을 찾아낼 수 있기 때문이다. 하지만 지식을 얻으려는 우리의 욕구가 단순한 배움의 열정이 아니라는 점을 이해하는 것이 중요하다. "지식은 곧 힘이다"라는 말을 들어 본 적이 있을 것이다. 실제로 그렇다. 어떤 상황인지를 알면 우리 삶 속에 질서를 가져오기 위한 노력을 할 수 있다.

이전 세대들은 우리 세대보다 불확실성에 익숙했다. 반면에 우리는 할아버지와 할머니 세대가 상상할 수도 없을 만큼 빠른 첨단 기술의 결정체를 호주머니에 넣고 다닌다. 인터넷 검색 한 번이면 거의 모든 질문에 대한 답을 곧바로 손에 넣을 수 있다. 소셜 미디어는 친구들의 삶을 계속해서 알려 준다. 세상이 어떻게 돌아가고 있는지 알고 싶은가? 터치 한 번이면 곧바로 최신 소식에 접속할 수 있다. 이 모든 상황 때문에 우리에게 불확실성은 익숙하지 않고 불편한 것이 되어 버렸다.

정보를 기다리는 시간은 고통스럽다. 어떤 일이 벌어지고 있는지 알아야 우리가 상황을 통제하고 있는 기분이 들기 때문에 정보를 기다리는 시간은 힘들다.

불확실성은 우리의 연약함을 드러낸다.

중요한 일이 지체될 때

때를 기다리는 것도 힘들다. 사람들이 기다림 하면 가장 떠올리는 것이 바로 때를 기다리는 것이다. 사람들은 교통 체증, 일정 연기, 진료 대기, 항공편 지연, 운전면허 시험장 방문 같은 것에 신음 소리를 낸다. 우리 안의 시계가 똑딱거리기 시작한다. 왜 이렇게 오래 걸리는지 답답해지기 시작한다. 이 상황에 말이 느린 손님이나 온갖 요구를 하는 손님, 새치기하는 손님이 더해지면 온갖 부정적이고 악한 감정이 치밀어 오른다.

인생의 중요한 상황에는 대개 지체가 포함되며, 지체는 견디기가 쉽지 않다. 때로 지체하는 시간은 두렵기까지 하다. 나는 목회를 하면서 사람들이 직장 합격 통보, 집 판매 소식, 대학 합격 통보, 검진 결과, 입양 결정, 오랫동안 보지 못한 가족의 소식을 기다리며 노심초사하는 모습을 많이 봤다. 이런 중요한 상황에는 대개 기다림이 포함되며, 이 시간 공백을 조바심이나 두려움으로 채우지 않기란 여간 어려운 일이 아니다.

우리의 일상에는 우리를 힘들게 만드는 지체가 가득하다.

실망할 때

좋은 갈망이 이루어지지 않을 때는 기다리기 힘들다. 중요한 뭔가를 기다리다가 실망의 구름이 피어오르기 시작할 때 마음이 힘들어진다. 평생의 짝을 갈망하는 남녀 혹은 수년간의 노력에도 여전히 아이를 갖지 못하는 부부들이 생각난다. 장성한 자녀가 예수님과의 관계로 돌아오기를 눈물로 기다리는 부모들도 있다. 사랑하는 사람이 중독에서 해방되어 회복되기를 간절히 기다리는 가족들도 있다.

이런 종류의 기다림은 단순히 정보나 시간에 관한 것이 아니다. 이것은 꿈, 소망과 관련된 기다림이다. 훌륭한 꿈을 품고 있을 때는 기다림이 훨씬 더 힘들다. 다시 말해, 힘들다고 해서 잘못된 것은 아니다.

하지만 오래지 않아 절망에 빠질 수 있다. 이루어지지 않는 갈망이나 기대와 씨름하는 것은 고통스럽다 못해 절망스러울 수 있다. "왜 하나님은 이렇게 좋은 것을 바로 주시지 않고 기다리게 만드는가?"라며 원망할 수 있다. 베스티 차일즈 하워드(Besty Childs Howards)는 이렇게 썼다. "꿈이 계속 연기되는 것보다 희망을 버리는 편이 훨씬 더 쉽다."[6] 정말로 그렇다. 그리고 실제로 어떤 이들은 절망에 빠질 수 있다.

실망할 때 기다림은 힘들어진다.

고통 중에 있을 때

기다리는 것은 불편하다. 고통 중에 있을 때는 특히 더 그렇다. 이번 장은 시편 69편의 한 구절로 시작되었다. 당신이 "나의 하나님을 바라서 나의 눈이 쇠하였나이다"라는 부분을 대충 보고 넘어가지 않았기를 바란다(시 69:3). 여기서 다윗은 버거운 난관을 마주하고, 비방과 거부와 조롱을 당하는 가운데 하나님께 부르짖는 것이 얼마나 진이 빠지는 일인지를 표현하고 있다. 29절에서 그는 괴롭고 고통스럽다고 토로한다. 그 배경을 정확히 알 수는 없지만 그는 사람들에게 상처받는 가운데 억울함을 푸는 날을 기다리고 있었던 것으로 보인다. 공격을 당하고 있을 때 기다리는 것은 여간 힘든 일이 아니다.

다른 종류의 고통도 있다. 많은 그리스도인이 질병이나

장애, 고질적인 건강 문제로 힘들어한다. 의료 기술이 과거보다 크게 발전했지만 여전히 많은 사람이 치유를 기다리고 있다. 사랑하는 사람이 서서히 죽어 가는 모습을 하릴없이 지켜보는 이들도 있다. 가족이 치매로 나날이 쇠약해지거나 호스피스 병동에 입원해 있을 때 함께 고통 중에 기다리는 것은 실로 가슴 아픈 일이다. 혹시 관계적 갈등이나 이혼, 고집 센 아이, 가까운 누군가의 죽음으로 고통스러워하고 있는가?

육체적·감정적 치유를 기다리는 것은 힘든 일이다.

무력감에 휩싸일 때

이 외에도 많은 이유가 존재하는데, 가장 익숙하고 가장 다양한 상황에 적용될 수 있는 이유로 마무리하고자 한다. 무력감을 느낄 때 기다림이 힘들어진다. 인생의 공백들은 곧 통제력을 상실하는 시간들이다. 그럴 때 무력감이 찾아오고 기다림이 힘들어진다.

우리가 통제력을 잃을 수 있는 상황은 다양하다. 보통 우리는 정보, 시간, 일정 등을 통제할 수 있다. 그런데 이런 것이 뜻대로 되지 않으면 공백이 생기고 우리는 기다려야 한다. 위에서 열거한 것 외에 다른 상황이 또 생각나는가?

어떤 영역에서 당신은 통제력 상실을 경험하고 있는가? 당신의 삶 속에서 없어지면 큰 문제가 발생하는 것들을 생각해 보라.

기다림을 싫어하는 우리의 성향 이면에는 통제 욕구가 있다.

분명히 짚고 넘어가야 할 것이 있다. 이 욕구 자체가 악한 것은 아니다. 또한 기다림이 힘들다고 해서 꼭 잘못된 것은 아니다. 계속해서 읽다 보면 알겠지만 인생의 공백들은 세상에 대한 하나님의 설계의 일부이다. 이 공백들은 좋은 이유로 존재하는 인간 삶의 중요한 일부이다. 아무것도 기다릴 필요가 없으면 당신이 어떻게 될지 상상해 보라!

어쨌든 우리는 이 질문과 씨름해야 한다. "기다림이 언제, 왜 힘든가?"

기다리는 법을 배우는 기회

기다림이 힘들 때를 알면 그 시간을 헛되게 보내지 않는 데 도움이 된다. 기다림 속에는 쉽지는 않지만 좋은 기회가 있다. 그리고 우리가 경험하는 난관을 정상적인 그리스도인의 삶의 일부로 볼 수 있다. "우리가 천국을 소망하면서 이 세상에서 온전히 살려고 노력할 때 느끼는 긴장이 꼭 악한 불만족의 증거는 아니다. 그것은 단순히 우리가 이 땅에서 사는 하늘 시민이라는 증거일 수 있다."[7]

기다림이 힘들다고 해서 이미 실패한 것은 아니다.

기다림이 쉽지 않다고 솔직히 인정하고 그 이유를 조사한 뒤에 하나님을 바라보는 것이 기다리는 법을 배우기 위한 첫 번째 단계다.

묵묵히 기다리는 이들을 위한 질문

1. 이번 장이 이 책의 시작인 이유가 무엇이라고 생각하는가?

2. 구약의 두 실패 사례에 관한 당신의 진단을 나눠 보라.

3. 언제 기다림이 힘든지에 관한 다섯 가지 사례(불확실성, 지체, 실망, 고통, 무력감)를 다시 보라. 무엇이 가장 공감이 가는가? 이유는 무엇인가?

4. 기다림이 언제, 왜 힘든지를 이해하는 것이 도움이 되는 이유는 무엇인가?

5. 삶 속에서 기다림이 힘들었거나 힘든 상황을 묘사해 보라. 그 상황이 힘든 주된 이유는 무엇이라고 생각하는가?

6. 이 책의 뒤에서 제시할 해법들을 예상할 수 있겠는가?

///////////

20.
2주

_____ 기다립니다

: 기다림은 삶 속에 가득하다

그러므로 형제들아 주께서 강림하시기까지
길이 참으라 보라 농부가 땅에서 나는
귀한 열매를 바라고 길이 참아
이른 비와 늦은 비를 기다리나니
너희도 길이 참고 마음을 굳건하게 하라
주의 강림이 가까우니라(약 5:7-8).

"만나는 묶음으로 구매할 수 없다."[8]

처음 이 글을 읽었을 때 소리 내어 웃을 뻔했다. 중요한 사실을 상기시키는 좋은 글이다. 코스트코에 묶음으로 포장된 제품들은 볼 때마다 놀랍다. 두루마리 휴지 50개 묶음이나 인스턴트커피 120개 묶음 혹은 다크 로스트 커피 2킬로그램을 정말로 필요로 하는 사람이 어디 있는가? 물론 식당을 운영하거나 작은 호텔을 관리한다면 얘기가 달라질 수 있다. 하지만 대부분은 그렇지 않다. 물론 묶음으로 구매하는 것이 저렴할 수는 있다. 나도 그런 이유로 묶음을 구매할 때가 있다. 하지만 우리가 대량 구매에 끌리는 이유가 또 있다고 생각한다.

묶음으로 구매하면 안정감이 생긴다. 코로나 초기에 마트마다 두루마리 휴지가 동이 났던 것을 기억하는가? 우리 삶에서 '부족함의 공백'이 줄어들면 안심이 된다.

하지만 만나는 묶음으로 구할 수 없었다.

하나님은 만나를 그렇게 설계하셨다.

40년 동안 이스라엘 백성은 광야를 헤맸다. 이는 단순히 힘든 경험 이상이었다. 광야는 가르침과 시험과 기다림의 땅이었다. 한 세대 전체가 약속의 땅에 들어가는 것이 금지되었다. 새로운 세대가 나타나기 전까지 그들은 방황하며 기다렸다. 그리고 그 기간에 그들은 하나님이 주시는 날마다의 공급하심을 믿는 법을 배웠다.

만나는 출애굽기 16장에 처음 등장한다. 이스라엘 백성이 먹을 것이 부족해서 불평하자 하나님은 특별한 방법으로 양식을 공급해 주셨다. "무리가 아침마다 각 사람은 (만나를) 먹을 만큼만 거두었고 햇볕이 뜨겁게 쬐면 그것이 스러졌더라"(출 16:21). 안식일 외에 어떤 날에든 음식을 저장하려고 하면 "벌레가 생기고 냄새가 난지라"(출 16:20). 하나님은 딱 하루치의 만나만 공급해 주셨다. 내 계산대로라면 이스라엘 백성은 하나님이 다음 날 음식을 공급해 주시기까지 밤새워 기다리기를 1만 4,600번(365일×40년)이나 반복했다.

만나가 매일 공급된 것은 이스라엘 백성에게 중요한 교훈을 전해 주었다.

그 교훈은 신약의 주기도문에서 나타난다. "오늘 우리에게 일용할 양식을 주시옵고"(마 6:11). 이 개념은 단순하면서도 심오하다. 하나님은 우리에게 필요한 것을 그분의 시간표에 따라 공급해 주신다. 그분은 매일의 양식을 주신다. 그분은 매일의 은혜를 주신다.

만나는 묶음으로 구매할 수 없다.

이것이 기다림과 무슨 관련이 있는가? 1장에서 우리는 기다림이 힘들다는 사실을 솔직하게 살펴보았다. 그 목표는 기다림의 시간을 낭비하게 만드는 근본 원인을 찾아내는 것이었다. 나는 강한 통제 욕구에 관해 생각해 보라고 말했다. 지금 나는 당신이 자신의 삶에 관해 모를 때 그분에 관해 아는 진리에 따라 사는 법을 배우도록 돕는 중이다. 이제 또 다른 단계를 밟아야 할 시간이다.

이번 장에서는 우리가 얼마나 자주 기다리고, 그 이유

가 무엇이며, 우리가 주로 어떤 해로운 방식으로 반응하는지를 살펴보자.

인생 속의 잦은 기다림

기다림은 힘들지만 당연한 것이다. 기다림은 우리가 사는 세상의 정상적인 일부다. 기다림은 모든 인간이 자주 하는 경험이다. 당연한 말처럼 들릴 것이다. 하지만 이 말을 대충 듣고 넘어가지 말라. 우리는 기다림이 정상적인 것임을 망각할 때가 너무 많은 것 같다. 우리가 뜻밖이라는 표정을 짓고 짜증을 내는 것을 보면 알 수 있다. 기다려야 할 상황이 찾아오면 우리가 충격을 받을 때가 얼마나 많은지 생각해 보라. 나는 이런 패턴을 바꾸고 싶다.

야고보서의 주제는 고난 속에서 기쁨을 찾는 것이다. "내 형제들아 너희가 여러 가지 시험을 당하거든 온전히 기쁘게 여기라 이는 너희 믿음의 시련이 인내를 만들어 내는 줄 너희가 앎이라"(약 1:2-3). 인내는 야고보서에서 자주 나타나는 주제이며, 5장에서는 인내를 구체적으로 명령한다. "그러므로 형제들아 주께서 강림하시기까지 길이 참으라"(약 5:7). 이는 중요한 권면이다. 하지만 여기서는 이 명령 다음에 나오는 비유에 관해 생각해 보자.

> 그러므로 형제들아 주께서 강림하시기까지 길이 참으라 보라 농부가 땅에서 나는 귀한 열매를 바라고 길이 참아 이른 비와 늦은 비를 기다리나니 너희도 길이 참고 마음을 굳건하게 하라 주의 강림이 가까우니라(약 5:7-8).

여기서 야고보가 무엇을 하고 있는지 보이는가? 그는 영적 인내의 중요성을 강조하기 위해 농부의 비유를 사용하고 있다. 그는 기다림이 정상적인 것이기 때문에 고난 중에 영적 인내를 발휘하라고 말한다.

이 농사의 비유가 얼마나 적절한지를 생각해 보라. 농부는 땅을 갈고 씨앗을 뿌린 뒤에는 기다려야 한다. 농부가 해야 할 일이 많지만 그가 통제할 수 없는 것 또한 많다. 그는 날씨를 통제할 수 없고 씨앗이 싹을 틔우게 만들 수 없다. 그는 열심히 일하지만, 그러고 난 뒤에는 기다린다. 농부가 인내심이 없다면 다른 직업을 알아봐야 한다. 야고보는 기다림이 영적으로 가치 있고 정상적인 것이라는 점을 강조하기 위해 이 비유를 사용한다.

기다림은 농부만큼이나 그리스도인에게도 정상적인 것이다.

이 땅에서 우리의 삶은 이 진리를 보여 주는 비유로 가득하다. 인간은 무한한 능력을 지니고 있지 못하다. 우리는 신이 아니다. 우리는 전능하거나 전지하거나 편재하지 못하다. 한계는 창조 질서의 일부다. 하나님은 인간을 그렇게 설계하셨다.

몇 가지 예를 생각해 보라. 인간은 잠을 자야 한다. 개중에 적지 않은 사람들은 남들보다 많은 잠이 필요하다! 하나님은 우리가 인생의 약 3분의 1을 의식을 잃고 입을 벌린 채 침 흘리며 보내도록 설계하셨다. 그동안 우리는 알람이 울리고 해가 떠오를 때까지 기다린다. 발목을 삐어 본 적이 있는가? 그렇다면 RICE 요법을 들어본 적이 있을지 모르겠다. RICE는 쉼(Rest), 냉찜질(Ice), 압박(Compression), 들어올리기(Elevation)의 약자다. 의학 기술이 많이 발달하긴 했지만 시간과 쉼은 여전히 치료에 필수적이다. 이번 장을 쓰고 있는 지금, 아내와 나는 첫 손주의 탄생을 기다리고 있다. 지난 몇 달 동안 우리는 남산만 하게 부른 며느리의 배에서 작은 움직임을 보고 3D 초음파 사진도 보며 더없이 기뻐했다. 새로운 생명의 탄생은 실로 놀랍다. 그런데 우리가 임신 기간을 앞당길 방법은 없다. 태아가 형성되는 데는 시간이 걸린다. 때가 되어야 아이가 나온다. 그래서 우리는 그냥 기다리고 있다.

육체적으로만 그런 것이 아니다. 정서적으로도 그렇다. 나는 애통해하는 사람들이 고통 중에서 하나님과 이야기하기 위한 언어를 배우도록 《짙은 구름, 더 깊은 긍휼》(*Dark Clouds, Deep Mercy*)이라는 애통에 관한 책을 쓴 적이 있다.[9] 하지만 애통은 만병통치약이나 빠른 해결책이 아니다. 어떤 상처에서든 회복되려면 시간이 걸린다. 솔직히 그래서 슬픔이 두렵다. 슬픔에서 회복되는 과정은 느리고 불확실성이 가득하다.

또 다른 영역은 관계적 시련과 관련이 있다. 친구 사이의 갈등이나 말을 듣지 않는 아이, 흔들리는 가정 등 망가진 관계가 회복되기까지 기다리는 시간은 감정적으로 힘들 수밖에 없다. 사람들은 더디게 변한다.

이것은 몇 가지 예일 뿐이다. 당신은 훨씬 더 많은 예를 들 수 있을 것이다. 지난주나 지난달을 돌아보면 기다려야 했던 순간들이 많이 보일 것이다. 기다리는 줄도 모르고 기다렸던 순간들도 있을 것이다. 바로 이것이 나의 요지다. 우리의 한계 때문에 기다림은 정상적인 것이다. 이는 창조

질서의 일부다. 기다림은 우리가 사는 세상의 정상적인 일부다.

하지만 중요하거나 기대하거나 강하게 바라는 뭔가를 기다릴 때는 힘들어진다. 그럴 때는 기다려야 한다는 사실이 충격적으로 다가오거나 답답하게 느껴진다. 이런 반응은 점점 더 흔해지고 있다. 우리가 덜 기다리는 삶에 점점 더 익숙해지고 있기 때문이다. 우리는 지체나 불확실한 상황을 정상적인 것으로 보는 시각에서 점점 더 멀어지고 있다.

첼시 왈드(Chelsea Wald)는 "당신의 뇌가 느린 사람들을 혐오하는 이유"라는 글에서 21세기에 들어서서 커뮤니케이션 속도가 천만 배 빨라졌고 데이터 전송 속도가 백억 배 증가했다는 점을 지적했다.[10] 실로 놀라운 속도 증가이다. 모든 일이 백만 배는 더 빠르게 이루어지고 있다. 그러니 사람들은 기다림을 점점 더 참지 못하고 있다.

> 사회의 빠른 속도 때문에 우리의 내적 타이머가 균형을 잃었다. 이 속도는 충분히 빨리, 아니 아예 충족시킬 수 없는 기대들을 낳고 있다. 일이 우리의 기대보다 늦게 진행되면 기다림이 실제보다 더 긴 것처럼 우리의 내적 타이머가 우리에게 농간을 부린다. 그래서 지체된 것에 비

해 지나치게 큰 분노를 자아낸다.[11]

이번 장의 끝에서 분노와 같은 몇 가지 흔한 반응을 살펴볼 것이다. 일단 여기서는 기다림이 감정적으로 우리 삶에 얼마나 자주 영향을 미치는지를 돌아보기 바란다. 삶에서 중요한 변화의 순간들을 돌아보라. 대학 입학에서 연애 관계, 이직, 프러포즈, 임신, 병원 진단까지 많은 상황이 기다림을 수반한다. 모든 사람의 인생 이야기 속에는 한계로 인한 기다림이 있다.

기다림은 힘들기만 한 것이 아니라 흔하게 있는 일이다.

이것이 야고보서의 농사 비유가 그토록 유익한 이유다. 기다림의 시간을 그만 낭비하기 위한 방법 중 하나는 기다림이 찾아왔을 때 너무 놀라지 않는 것이다. 내가 직접 해보니 실제로 효과가 있었다. 이 책을 쓰는 동안 우리 삶에 기다림이 잦다는 사실을 더 분명하게 인식하게 되었다. 그래서 이제 기다림이 찾아와도 전보다 덜 놀란다. 이는 간단한 변화다. 하지만 전에 기다림이 찾아왔을 때 내가 놀랐던 것을 생각하면 약간 창피하기까지 하다. 그 이면에 교만한 가정들과 통제 욕구가 있었기 때문이다.

삶 속에 기다림이 가득하다는 사실을 받아들이면 자유

가 찾아온다.

성경 속에서 자주 나타나는 기다림

기다림은 삶 속에서 흔할 뿐 아니라 성경에서도 자주 발견된다. 만나는 한 가지 사례일 뿐이다.

당신이 좋아하는 성경 인물들을 자세히 살펴보면 그들 모두의 삶 속에서 힘든 공백의 시간들을 발견할 수 있을 것이다. 피터 스카지로(Peter Scazzero)는 몇 가지 유명한 사례를 소개한다.

> 아브라함은 아들을 주신다는 하나님의 약속이 이루어지기까지 거의 25년을 기다렸다. 요셉은 형들에게 배신당한 뒤 가족을 다시 보기까지 약 13-22년을 기다렸다. 모세는 하나님이 삶의 목적을 되살려 주실 때까지 40년을 광야에서 기다렸다. 한나는 아들을 달라는 기도에 응답받기까지 오랜 세월을 기다렸다. 욥은 하나님이 무너진 삶을 회복시켜 새로운 출발을 주실 때까지 몇 달이 아니라 몇 년을 기다렸다. 세례 요한과 예수님은 사역을 위한

하나님의 때가 올 때까지 거의 30년을 기다렸다.[12]

성경에는 이 외에도 훨씬 더 많은 예가 있다. 기다림으로 괴로워하는 시기를 보내지 않은 영적 리더는 찾아보기 힘들다. 그 이유는 사실 분명한데 이를 마음으로 받아들이는 것이 중요하다. 그 이유는 이렇다. "하나님을 기다리는 것은 그리스도인의 삶에서 중심적인 경험 중 하나다."[13]

이 주제가 하나님의 백성이 부른 노래들에도 나타나는 것은 너무도 당연하다. 대충 찾아봐도 기다림을 축하하는 시편을 14개나 찾을 수 있다. 몇 개만 소개해 보면 다음과 같다.

° 여호와여 나의 영혼이 주를 우러러보나이다
　나의 하나님이여 내가 주께 의지하였사오니
　나를 부끄럽지 않게 하시고 나의 원수들이
　나를 이겨 개가를 부르지 못하게 하소서
　주를 바라는(기다리는) 자들은
　수치를 당하지 아니하려니와 (시 25:1-3).

° 내가 산 자들의 땅에서 여호와의 선하심을 보게 될 줄

확실히 믿었도다 너는 여호와를 기다릴지어다

강하고 담대하며 여호와를 기다릴지어다(시 27:13-14).

º 내가 여호와를 기다리고 기다렸더니

귀를 기울이사 나의 부르짖음을 들으셨도다(시 40:1).

시편은 하나님 백성이 가졌던 마음의 언어를 성경의 어떤 책보다도 많이 기록하고 있다. 그들은 고난 중에도 믿음을 잃지 않고 계속해서 하나님의 도우심을 구했다. 모든 그리스도인은 기다림의 시기를 지나기 때문에 성경 속에 기다림이 자주 나타나는 것은 너무도 당연하다.

기다림은 구약 선지자들의 글에서도 나타난다. 하나님의 백성은 약속된 구원을 갈망하며 기다렸다.

º 이제 야곱의 집에 대하여 얼굴을 가리시는 여호와를

나는 기다리며 그를 바라보리라(사 8:17).

º 여호와여 우리에게 은혜를 베푸소서

우리가 주를 앙망하오니(기다리오니)

주는 아침마다 우리의 팔이 되시며

환난 때에 우리의 구원이 되소서(사 33:2).

° 그런즉 너의 하나님께로 돌아와서

　인애와 정의를 지키며 항상 너의 하나님을

　바랄지니라(기다릴지니라)(호 12:6).

° 오직 나는 여호와를 우러러보며

　나를 구원하시는 하나님을 바라보나니(기다리나니)

　나의 하나님이 나에게 귀를 기울이시리로다(미 7:7).

　불확실성이나 고난의 시기에 하나님의 백성은 인내하기 위해 애를 썼다. 고통스러운 상황 속에서도 낙심하지 않으려고 애쓰면서 하나님을 기다리는 것은 믿음의 행위였다. 절박감은 그들의 영적 갈망에 불을 지폈다. 하나님을 기다리는 것은 그들이 고난을 이겨 내고 소망으로 살아갈 수 있었던 비결이다.

　신약에서도 이 주제가 나타난다. 구속의 새벽이 지난 뒤에도 우리는 여전히 기다리고 있다. 바울과 베드로는 기다림을 모든 그리스도인의 중심적인 소명으로 제시한다.

° 피조물이 다 이제까지 함께 탄식하며
  함께 고통을 겪고 있는 것을 우리가 아느니라
  그뿐 아니라 또한 우리 곧 성령의 처음 익은 열매를
  받은 우리까지도 속으로 탄식하여 양자 될 것
  곧 우리 몸의 속량을 기다리느니라
  우리가 소망으로 구원을 얻었으매 보이는
  소망이 소망이 아니니 보는 것을 누가 바라리요
  만일 우리가 보지 못하는 것을 바라면
  참음으로 기다릴지니라 (롬 8:22-25).

° 이 모든 것이 이렇게 풀어지리니
  너희가 어떠한 사람이 되어야 마땅하냐
  거룩한 행실과 경건함으로 하나님의 날이
  임하기를 바라보고 (기다리고) 간절히 사모하라
  (벧후 3:11-12).

그리스도인의 삶에서 기다림은 부차적인 경험이 아니다. 이는 중심적인 경험이다. 예수님을 따르는 삶에는 반드시 기다림이 포함된다.

'기다림'은 성경에서 자주 사용된 단어일 뿐 아니라 기다림 자체가 복음의 일부다. 구속의 계획에는 십자가와 빈 무덤이 포함되었다. 예수님은 돌아가셨다가 죽음에서 살아나셨다. 성금요일과 부활주일 사이에 공백이 있었다는 사실을 놓치기 쉽다. 예수님이 "다 이루었다"(요 19:30)라고 부르짖으신 후 하나님이 그분을 곧바로 되살리실 수도 있었다는 생각을 해본 적이 있는가? 하지만 하나님의 계획에는 기다림의 시간, 슬픔과 혼란과 두려움의 나날이 포함되었다.

성경 속의 기다림에 관해 연구할수록 놀라움을 금할 수 없다. 기다림은 그야말로 성경 전체에서 발견된다. 영적 리더들에 관한 이야기 대부분에서 기다림은 중요한 역할을 한다. 기다림은 예수님을 따르는 삶의 중심적인 부분이다.

하지만 이 사실을 망각하기 쉽다. 우리는 미친 속도로 돌아가는 세상 문화의 소용돌이에 휘말렸다. 우리의 욕구들은 도를 넘어선 특권의식으로 변질되었다. 우리는 세상 사람들처럼 우리의 한계를 상기시키는 모든 상황을 피하기 위해 수단방법을 가리지 않기 시작했다. 기다림이 피조 세계에 흔하고 성경의 주된 주제이지만 우리는 기다림을 그렇게 보지 않는다.

기다려야만 하는 상황이 오면 우리는 충격을 받고 답답

해한다.

하나님이 세상과 구속의 계획 속에 기다림을 포함하신 것은 당신이나 내가 아니라 그분이 중심이기 때문이다. 기다림은 우리의 통제 욕구를 꺾는다. 이것이 무엇을 의미하고 이에 관해 어떻게 해야 하는지는 뒤에 가서 계속해서 살펴볼 것이다.

일단 여기서는 이 사실을 기억하라. "기다림은 우리가 하고 싶은 것을 할 수 없을 때 하는 것이다."

위의 문장을 다시 읽어 보라. 천천히. 이왕이면 소리 내어 읽으라. 이는 정말 중요한 사실이다.

자주 나타나는 기다림에 대한 그릇된 반응들

이번 장의 목표는 기다림이 우리가 사는 세상의 일부이며 성경의 주된 주제 중 하나라는 점을 당신이 이해하도록 돕는 것이다. 기다림은 우리가 하나님이 아니라는 점을 수시로 상기시키기 위한 하나님의 방법 중 하나이다. 우리는 큰 한계들을 안고 살아간다. 이에 대해 하나님의 도우심이 필요하다. 이런 상황은 우연이 아니다.

우리가 하나님을 기다리는 것은 그분의 의도다.

안타깝게도 나는 고생을 한 뒤에야 교훈을 얻을 때가 많다. 나의 주된 반응은 기다릴 기회 앞에서 충격을 받는 것이다. 나는 자꾸만 통제 욕구에 휘둘려 세 가지 무익하고 악한 반응에 빠진다. 분노와 불안과 무관심이 그 반응들이다.

분노한다

분노가 악한 반응 중 하나로 꼽힌 것을 보고 전혀 뜻밖이라고 생각하지 않았을 것이다. 아마 분노가 가장 흔한 반응일 것이다. 심지어 운전과 관련해서 이 분노를 지칭하는 문화적 용어도 있다. 바로 '도로 위의 분노(road rage: 보복 운전)'다. 우리 집 막내는 몇 년 전 십 대였을 때 운전면허를 땄다. 우리 차에 "초보 운전, 인내심을 발휘해 주시면 감사하겠습니다!"라고 쓴 밝은 노란색 스티커를 붙여 놓았는데도 딸이 속도 제한을 지켜서 운전하거나 초록색 불에 늦게 출발하거나 빨간색 불에 조심스럽게 우회전하면 다른 운전자들이 얼마나 쉽게 분노했는지 모른다. 다른 운전자들을 분노하게 만드는 일이 별로 어렵지 않았다.

하지만 도로 위의 분노는 겨우 한 가지 예일 뿐이다. 이런 분노의 예는 훨씬 더 많다. 기다림과 분노는 자주 짝을 이루기 때문이다. 때로는 분노가 폭발하여 독한 말을 쏟아 내거나 성급하게 행동한다. 그런가 하면 낮은 수준의 분노가 속에서 은근히 끓는 경우도 있다. 혹시 당신도 오랫동안 실망하거나 꿈이 좌절되어 폭발하기 직전인가? 기대가 한 번만 더 깨지면 걷잡을 수 없이 폭발할 것 같은가?

악한 분노는 그저 상황을 통제하려는 우리의 시도일 뿐이다.

기다릴 때 공백을 분노로 채우기 쉽다. 분노는 억지로 변화를 이끌어 내려는 시도가 분명하다. 하나님에 관해 아는 진리에 따라 살지 않고 결과에 상관없이 무턱대고 자신의 힘으로 행동하는 것이다.

불안해한다

분노가 외적 행동에 관한 것이라면 불안은 내적 생각이나 고민에 관한 것이다. 분노와 마찬가지로 불안과 걱정이 적절할 때도 있다. 살다 보면 관심을 기울이고 심지어 걱정해야 할 것들이 있다. 누군가를 아끼는 사람들은 그 사람에게 어떤 일이 벌어질지 걱정할 수밖에 없다. 미리 조심하는 것은 지혜로운 것이다.

하지만 여기서 내가 말하려는 불안은 발생할지 모르는

문제를 계속해서 생각하거나 어떻게 해결할지 끊임없이 고민하는 것이다. 이는 두려움, 열등감, 이루어지지 않은 꿈, 과거의 상처에 대한 반응으로 나타나는 내적 내러티브다. 다시 말해, 불안은 삶 속의 공백들과 우리가 통제할 수 없는 상황들에 대한 반응이다. 밖으로 화를 폭발하는 대신 자기 안에 집중하여 정신적·감정적 엔진을 끝없이 가동하는 것이다. 그렇게 되면 지치고 쇠약해질 수 있다.

이는 하나님을 기다리는 법을 배우는 대신, 자신의 한계에서 벗어날 방법을 스스로 생각해 내려고 하는 것이다.

무관심해진다

분노는 행동을 요구한다. 불안은 생각하기를 원한다. 무관심은 더 이상 신경을 쓰지 않는 것이다. 무관심은 실망스러운 일, 지체, 이루어지지 않는 꿈에 대해 "더 이상 상관없어!"라는 자기방어적 태도로 반응하는 것이다. 무관심은 희망했다가 실망하기를 반복하다가 결국 지쳤을 때 나타나는 반응이다.

요즘 문제시되는 '조용한 퇴직'(quiet quitting)이라는 말을 들어본 적이 있는가? 지난 몇 년 사이에 이 문제를 지적하는 글이 자주 보이기 시작했다. 직원들이 출근은 하지만 해야 할 일만 하는 현상을 말한다. 이들은 별로 의욕이 없다. 이들은 별다른 성과를 거두지 못한다. 일을 하기는 하되 그 일에 신경 쓰기를 그만둔 사람들이다.

이와 비슷한 그리스도인들이 꽤 많지 않나 싶다. 그들은 여전히 교회에 나온다. 여전히 찬양을 부른다. 하지만 더 이상 소망을 품고 기다리지 않는다. 스스로 보호하기 위해 그 무엇에도, 심지어 하나님께도 소망을 품지 않는다. 그들은 다 포기했기 때문에 더 이상 기다리지 않는다. 더 이상 하나님 중심의 소망을 품고서 기다리지 않는다.

무관심은 실망스러운 상황을 통제하기 위한 또 다른 방어기제다.

공감이 가는가? 우리는 분노와 불안과 무관심으로 기다림의 시간을 허비할 때가 많다. 기다림이 자주 있는 일이고 우리가 악한 반응을 보일 때가 많다는 사실을 이해하는 것이 변화와 평안으로 가는 첫 단계일 수 있다. 하나님은 우리가 이런 그릇된 반응을 거부하도록 도와주겠다고 약속하신다. 다음 두 장에서 그 방법을 자세히 살펴볼 것이다. 첫 번째 단계는 단순히 이런 반응이 얼마나 흔한지를 깨닫는 것이다.

세상 속에서 인간으로 산다는 것은 한계를 안고 살아간

다는 뜻이다. 우리가 모든 것을 통제할 수는 없다. 기다림은 후한 일이다, 그리스도인의 기다림에는 영적 가치가 있다. 기다림은 신앙생활에 중심적인 일이다.

하나님은 우리의 삶에 기다림의 시간이 자주 찾아오도록 설계하셨다.

만나는 묶음으로 구매할 수 없다.

자주 기다리는
이들을 위한 질문

1. 일상생활과 그리스도인의 삶에서 기다림이 흔한 일임을 고려하면 왜 도움이 되는가?

2. 어떤 영역에서 통제력을 잃을 때 가장 힘든가?

3. 기다림이 당신의 성숙과 믿음에 좋은 이유 몇 가지를 나열해 보라.

4. 기다림의 시간에 분노, 불안, 무관심 중에서 어떤 반응을 가장 자주 보이는가? 그 이유는 무엇인가?

5. 그런 무익한 반응에 빠졌을 때 개인적인 내적 내러티브(나는 무엇을 원하는가?)를 한두 문장으로 써보라.

6. 해법들로 넘어가기 전에 지금까지 배운 것을 짧은 기도문으로 표현해 보라.

///////////

3.
말씀을 붙들며
_____ 기다립니다

: 기다림은 성경적이다

○

> 주의 진리로 나를 지도하시고 교훈하소서
> 주는 내 구원의 하나님이시니
> 내가 종일 주를 기다리나이다(시 25:5).

"하나님이 당신을 도우실 거예요. 반드시."

아침 일찍 아내와 나는 테라스에 앉아 오붓한 시간을 보내고 있었다. 아침마다 함께 커피를 마시며 하루를 시작하는 시간은 우리에게 더없이 소중한 시간이었다. 그런데 그날따라 내 마음이 무거웠다. 너무 오랜 기다림에 나는 영적으로나 정서적으로 기진맥진해 있었다. 그냥 조금 피곤해서 쉼이 필요한 상태가 아니었다. 그냥 조금 지쳐서 격려가 필요한 상태가 아니었다.

테라스에 앉아서 나는 아내에게 깊은 절망감을 털어놓았다. 방향을 잃은 기분이었다. 나는 눈물을 글썽이며 말했다. "정말 힘이 빠지네요. 아니, 절망스러워요. 여보, 어떻게 해야 할지 모르겠어요."

나는 오랜 기다림에 무너져 내렸다.

아내는 공감 어린 표정으로 조용히 듣고 나서 내가 믿는 몇 가지 성경의 진리를 부드러운 음성으로 상기시켰다. 아내는 내가 알고 있지만 오랜 기다림으로 잊어버렸던 진리들을 분명하게 말해 주었다. 그러고 나서 내게 꼭 필요한 격려의 말로 조언을 마무리했다. "하나님이 당신을 도우실 거예요. 반드시."

하나님의 약속에 근거한 아내의 말, 그리고 믿음은 내 영혼에 용기를 불어넣었다. 아내는 하나님의 도우심에 관한 약속으로 나를 격려했다. 물론 하나님이 정확히 우리가 원하는 것을 해주시지 않을 수도 있다. 하지만 우리는 하나님의 약속에 따라 살아갈 수 있다. 찰스 스펄전(Charles Spurgeon)은 다음 글에서 이 점을 이야기한다.

> 우리는 하나님이 그분의 백성에게 계속해서 복을 주실 줄 확신할 수 있다. 하나님은 받은 만큼만 주시는 분이

아니다. 그분이 이미 우리에게 주신 것은 더 많은 것을 주신다는 증거다. 우리가 아직 받지 못한 것도 우리가 이미 받은 것만큼이나 확실하다. 따라서 하나님 앞에서 조용히 기다리자. … 의심스러운 것들이 많지만, 하나님께 대해 우리는 "그분의 긍휼하심은 더없이 확실하고 영원하니"라고 찬양한다.[14]

즉효 약은 아니었다. 내 앞에 놓인 난관은 여전히 지극히 실질적이었다. 하지만 하나님에 관한 진리에 집중해야 한다는 사실을 기억하게 해주는 말이 내게 절실히 필요했다. 그날 선룸에서 대화한 뒤 절망의 구름이 걷히기 시작했다. 내 생각이 다시 성경의 진리로 향하고 내 마음이 그 진리와 다시 연결되기 시작했다. 아내와의 대화 덕분에 믿음의 한 발을 내디딜 수 있었다. 하나님이 "자기를 앙망하는 (기다리는) 자를 위하여 이런 일을 행한"다고 말씀하셨기 때문에(사 64:4) 나는 그분에 관해 아는 진리만을 바라보며 계속해서 기다릴 수 있었다. 나는 그분의 말씀을 계속해서 되새겼다.

아내의 단순하지만 강력한 말이 새로운 여행의 출발점이었다. 나는 하나님이 어떤 분이신지와 그분의 약속만을 바라보기로 결심했다. 내가 모르는 것에 초점을 맞추지 않고 하나님에 관해 아는 진리를 의식적으로 선포하기 시작했다. 그렇다고 모든 난관이나 불안이 사라진 것은 아니었다. 삶의 공백들은 그대로 남아 있었고, 오히려 더 많은 시련이 닥쳤다. 하지만 중요한 교훈을 얻었고, 지금도 그 교훈을 마음에 더욱 새기기 위해 노력하고 있다.

기다림은 내 삶에 관해 모를 때 하나님에 관해 아는 진리에 따라 살 것을 요구한다.

사려 깊게 기다리기

지금쯤 위의 문장이 귀에 익숙해졌으리라 믿는다. 이것이 이 책의 주제이다. 이번 장에서는 인생을 변화시키는 이 문장의 후반부인 "하나님에 관해 아는 진리에 따라 사는 것"을 탐구할 것이다. 이전 장들에서 우리는 기다림이 힘들고 흔하다는 사실을 살펴보았다. 그런데 더 깊은 차원에서 기다림은 우리가 자신과 하나님에 관해 무엇을 믿는지를 드러낸다. 기다림은 우리의 꿈과 기대와 능력을 뒤흔든다. 기다림은 우리가 삶을 통제하지 못한다는 사실을 자주, 그리고 주로 고통 가운데 상기시켜 준다.

바로, 하나님이 통제하신다.

하나님을 기다리는 것을 더 많이 공부하고 실천할수록 기다림이 내 믿음을 시험한다는 확신이 더욱 강해진다. 기다림은 신중하고도 신학적인 사고가 필요하다. 기다림은 불확실성을 영적 성장과 우리 구주와의 친밀감을 형성하는 도구로 사용할 기회다. 안타깝게도 많은 사람이 기다림에 관해 이런 식으로 생각하지 않는 탓에 이 시기를 낭비한다. 그들은 그냥 반응하고, 감정을 과하게 표출하고, 보통은 죄를 짓는다.

이번 장에서는 성경이 때로 같은 개념에 대해 여러 단어를 사용하여 기다림을 어떻게 정의하고 있는지 더 자세히 들여다볼 것이다. 또한 기다림에 관한 실천적인 전략도 제시할 것이다. 다시 말해, 기다림에 관해 성경적으로 생각하는 법과 성경적으로 기다리는 법을 보여 주고자 한다.

내 아내의 말이 옳았다.

하나님이 당신을 도와주실 것이다. 반드시.

성경적 기다림

여러 성경 구절을 살펴보았으니 지금쯤 기다림이 성경적이라는 점을 이해했으리라 생각한다. 기다림이 인간 삶에서 뗄 수 없는 일부일 뿐 아니라 제자의 길에 중요한 부분임을 알아보기 시작했기를 바란다.

그리스도인으로 살려면 기다릴 줄 알아야 한다.

성경에서 기다림에 관해 말할 때는 정확히 무엇을 의미할까? 중요한 질문이다. 그리고 이는 한 단어로 표현할 만큼 간단하지 않다. 실제로 성경은 여러 히브리어와 헬라어 단어를 사용한다.

구약의 기다림

구약에서 기다림에 대해 가장 자주 사용하는 단어는 '카바'(qavah)이다. 이 단어는 창세기에서 말라기까지 47번 사용되며, 그 의미는 "큰 기대감으로 바라보다"이다.[15] 1장에서 나는 출발점으로서 이 기본적인 정의를 제시했다. 하지만 고려해야 할 것이 더 있다. '카바'는 행동과 목적으로 가득한 단어다. 이것은 뭔가 혹은 누군가의 도착을 고대한다는 개념을 담고 있다. 또한 긴장의 의미를 지닌 단어다. 한

히브리어 사전은 이 단어의 어원을 실을 꼬거나 잡아 늘이
는 것과 연결시킨다.[16] 그렇다면 '카바'는 삶의 긴장 속에서
소망을 품고 바라보는 것이라 할 수 있다. 시편과 이사야
서는 이 단어를 사용한, 담대하고 믿음 충만한 구절로 가
득하다.

- 내가 산 자들의 땅에서 여호와의 선하심을 보게 될 줄
  확실히 믿었도다 너는 여호와를 **기다릴지어다**
  강하고 담대하며 여호와를 **기다릴지어다**(시 27:13-14).

- 내가 여호와를 기다리고 **기다렸더니**
  귀를 기울이사 나의 부르짖음을 들으셨도다(시 40:1).

- 여호와여 우리에게 은혜를 베푸소서
  우리가 주를 **앙망하오니**(기다리오니)
  주는 아침마다 우리의 팔이 되시며
  환난 때에 우리의 구원이 되소서(사 33:2).

- 오직 여호와를 **앙망하는**(기다리는) 자는
  새 힘을 얻으리니 독수리가 날개치며

올라감 같을 것이요

달음박질하여도 곤비하지 아니하겠고

걸어가도 피곤하지 아니하리로다(사 40:31).

이 구절들은 성경적 기다림이 적극적이고 의도적이라는 점을 보여 준다. 삶이 힘들고 복잡해질 때 특히 기다림이 필요하다. 당신은 어떤지 모르겠지만 나는 기다림을 이렇게 생각하지 못했다. 내게 기다림은 빈 공간처럼 느껴졌다. 내게 기다림은 전적으로 수동적인 것, 그냥 당하는 것처럼 보였다. 하지만 '카바' 덕분에 기다림을 목적으로 충만한 것, 심지어 생산적인 것으로 볼 수 있게 되었다. 이렇듯 기다림을 성경적으로 생각하는 것이 우선이다.

하나님을 바라보는 것으로 긴장이 가득한 삶 속의 공백들을 채워야 한다.

두 번째로 자주 사용되는 단어는 '야할'(yahal)이다. 이 단어는 구약에서 42번 사용되며, 그 의미는 확신이나 소망과 더 관련이 있다.[17] 실제로 히브리어 구약 성경의 헬라어 역본인 70인역의 번역자들은 이 히브리어 단어를 '소망'을 의미하는 헬라어 단어로 자주 번역했다.

° 여호와를 **바라는(기다리는)** 너희들아

   강하고 담대하라(시 31:24).

° 여호와여 내가 주를 **바랐사오니(기다렸사오니)**

   내 주 하나님이 내게 응답하시리이다(시 38:15).

성경에서 '기다림'(wait)과 '바람'(hope)은 서로 번갈아 사용할 수 있는 단어들이다. 이는 또 다른 중요한 점이다. 나의 기다림 속에는 대개 소망이 별로 없다. 나의 전형적인 반응은 기껏해야 짜증이고, 심하면 분노다. 당신도 그렇지 않은가? '기다림'과 '바람' 사이의 성경적 연관성을 이해하면 우리의 삶에 관한 거짓에서 눈을 떼어 하나님에 관한 진리를 바라볼 수 있다. 다시 말해, 성경적 기다림은 지체의 기간을 하나님께 소망을 둘 기회로 보는 것이다.

마지막 단어는 '하카'(hakah)다. 이 단어는 다른 히브리어 단어들에 비해 영적 인내와 더 연관 있다. 주로 이 단어는 특히 고통스러운 환경이나 난관 속에서 하나님의 약속을 신뢰하는 것을 가리킨다.

° 우리 영혼이 여호와를 **바람이여(기다림이여)**

그는 우리의 도움과 방패시로다(시 33:20).

° 이제 야곱의 집에 대하여 얼굴을 가리시는 여호와를
나는 **기다리며** 그를 바라보리라(사 8:17).

° 주 외에는 자기를 **앙망하는**(기다리는) 자를 위하여
이런 일을 행한 신을 옛부터 들은 자도 없고
귀로 들은 자도 없고 눈으로 본 자도 없었나이다
(사 64:4).

   기다림은 영적 인내의 자세다. 불확실성은 대개 고통이나 고난을 수반하기 때문이다. 인내로 기다리는 것이 무엇을 의미하는지는 다음 장에서 탐구할 것이다. 여기서는 지체되어 힘든 시기를 맞으면 하나님을 기다리는 것이 우리의 반응이어야 함을 마음에 새기자.

   종합해 보면, 성경적 기다림은 적극적이고 의도적이다. 삶이 긴장으로 가득할 때 특히 이런 기다림이 필요하다. 성경적 기다림은 소망 및 믿음과 연결되어 있다. 시편 130편 5절이 좋은 예다. 시편 기자는 5절에서 같은 히브리어 단어(카바, gavah)를 세 번 사용하지만, 역본들은 다른 단어들(기다

리다(wait), 바라다(hope))을 적절히 사용한다. "나 곧 내 영혼은 여호와를 기다리며 나는 주의 말씀을 바라는도다"(시 130:5). 이것이 중요하다.

단순히 기다림과 소망이 함께 작용하는 것이 아니다. 이 둘은 하나다! 다시 말해, 우리는 단순히 소망으로 기다리거나 믿음으로 기다리는 것이 아니다. 성경적 관점에서 보면 기다리는 것은 곧 소망하는 것이다. 기다리는 것은 곧 믿음을 품는 것이다. 이는 용기를 필요로 한다. 앤드류 머리는 그렇게 말한다.

> 하나님을 기다릴 때 가장 필요한 것 중 하나, 기다림 속에서 복을 받는 가장 깊은 비밀 중 하나는 기다림이 헛되지 않다는 조용한 확신, 하나님이 듣고 도우실 것이라고 믿는 용기이다.[18]

하나님을 기다리는 것은 곧 그분이 도우실 것이라고 믿는 것이다.

신약의 기다림

기다림의 의미는 신약에서도 비슷하다. 하나님을 기다

리는 것은 수동적인 것과 거리가 멀다. 신약에서 기다림에는 두 가지 기본적인 의미가 있다. 받는 것과 지켜보는 것이다. 둘 다 특정한 종류의 적극적인 행위를 함축하고 있다.

받는 것 혹은 받아들이는 것(데코마이, dechomai)은 신약에서 가장 자주 나타나는 기다림의 방식이다. 이 기다림은 누군가에게 받기 위한 기다림이다. 이렇게 기다리는 사람은 자신에게 없는 것을 필요로 하는 사람이다. 그는 뭔가를 받거나 누군가를 맞아들이기 위해 기다리는 사람이다.[19] 이는 받기 위해 손을 편 자세이다. 하나님께 받을 영적 기회다. 이 점을 분명하게 보여 주는 구절이 많지만 두 구절만 살펴보자.

° 하나님의 사랑 안에서 자신을 지키며
　영생에 이르도록 우리 주 예수 그리스도의 긍휼을
　기다리라(유 1:21).

° 우리가 성령으로 믿음을 따라
　의의 소망을 기다리노니(갈 5:5).

보다시피 기다림은 고대하는 대상과 직접적으로 연결되어 있다. 유다서 1장 21절에서 그 대상은 긍휼이다. 갈라디아서 5장에서 그 대상은 의의 소망이다. 이 구절들을 통해 보면 기다림은 본질적으로 영적인 것이다. 최소한, 기다림을 하나님이 공급해 주시는 것과 연결시키면 그렇게 될 수 있다.

신약에서 기다림에 대해 사용되는 다른 단어인 '프로스도카오'(prosdokao)는 지켜보는 것과 관련이 있다.[20] 하지만 이것도 수동적인 단어가 아니다. 뭔가를 찾기 위한 의식적인 노력을 의미한다. 야구 경기를 관람하는 것을 생각해서는 곤란하다. 지평선을 자세히 살펴보는 파수꾼을 떠올리는 것이 더 정확하다. 이 단어에는 기대의 의미가 함축되어 있다. 베드로후서 3장에서 이 점을 분명히 확인할 수 있다.

> ° 이 모든 것이 이렇게 풀어지리니 너희가 어떠한 사람이 되어야 마땅하냐 거룩한 행실과 경건함으로 **하나님의 날**이 임하기를 바라보고 간절히 사모하라 … 우리는 그의 약속대로 의가 있는 곳인 새 하늘과 새 땅을 바라보도다(벧후 3:11-13).

베드로는 고난당하는 그리스도인들에게 미래에 관심을 집중하라고 권면한다. 그는 심판의 날("하나님의 날"), 그리고 새 하늘과 새 땅을 가리킨다. 이는 영적으로 정신을 바짝 차리고 살라는 뜻이다. 이 배경에서 기다림은 그냥 가만히 있는 것이 아니라 그리스도인으로서 사는 것이다.

구약과 신약 모두에서 우리는 성경적 기다림에 관한 분명한 그림을 얻을 수 있다. 성경적 기다림은 우리가 흔히 생각하는 기다림과 다르다. 우리가 사용하는 단어들의 정의와 가정은 다르다. 실제로 영어 사전에서는 '기다림'을 "멈춤이나 막간, 지체"로 정의한다.[21] 어떤 정의들은 성경의 개념과 더 비슷하지만(예를 들어 "기대하는 상태를 유지하는 것")[22] 다른 정의들은 우리의 일반적인 경험과 비슷하다(예를 들어 "일시적인 무활동 상태에 머무는 것").[23] 성경적 개념과 우리가 흔히 생각하는 기다림 사이의 차이는 내가 이 책을 쓴 이유 중 하나다. 이전 장들에서 배웠듯이 공백의 순간들을 낭비할 필요가 없다. 성경적 시각을 품으면 그런 순간을 영적 기회로 받아들일 수 있다.

기다림을 낭비하지 않으려면 기다림에 사려 깊게 접근해야 한다.

바로 이것이 그날 테라스에서 내 아내가 한 것이다. 아내는 내가 알고 있는 진리를 상기시켜 주었다. 나는 영적 방향 전환이 필요했다. 나아가 아내는 내 관심과 사고의 방향을 바꿔 주었다. 나는 초점의 전환이 필요했다. 그리고 그렇게 했더니 도움이 되었다. 내 관점을 조정한 적은 그때만이 아니었다. 하지만 어쨌든 첫 단계는 기다림에 관한 생각을 바꾸는 것이었다. 애즈베리신학교(Asbury Seminary)의 전 총장 맥시 더남(Maxie Dunnam)은 이 관점을 보여 주는 한 동료 목회자의 간증을 인용했다.

> 바로 지금 그 결정을 내리는 중에 있는데 어떻게 결정을 내려야 할지 모르겠다. 하지만 혼란스럽기 때문에 오히려 하나님이 가깝게 느껴진다. 그분을 더 의지하게 된다. 성령님과 연결된 것을 느낀다. 답은 모르지만 내가 하나님이 원하시는 곳에 있다는 것은 안다. 지금 내가 그분께 집중하고 있기 때문이다.[24]

하나님을 바라보면서 소망 가운데 지켜보고 믿음으로 받는 것이 성경적 기다림의 의미다.

성경적 기다림을 위한 전략

구체적으로 어떻게 해야 할까? 불안에서 벗어나 믿음과 소망 충만한 기다림으로 나아가기를 원해서 이 책을 읽기 시작했을 것이다. 성경이 기다림을 어떻게 정의하는지 알았으니 이제 시편 25편에서 찾아낸 4가지 전략을 소개하겠다.

먼저, 당신이 통제할 수 없는 불편하거나 스트레스 가득한 상황을 상상해 보라. 최대한 생생한 느낌을 얻기 위해 당신이 최근에 직접 경험한 상황을 떠올려 보라. 몇 가지 예를 찾기가 그리 어렵지는 않을 것이다. 어떤 역학들이 작용하고 있는지, 머릿속에 어떤 생각들이 맴도는지, 어떤 두려움이 솟아나는지, 무엇을 원하는지 스스로 물어보라. 분명히 말하지만 이 질문들에 대한 모든 답이 나쁘거나 악한 것은 아니다. 우리가 원하는 것 중에는 좋은 것이 많고 또한 염려해야 할 합당한 이유도 있다. 우리가 기다리기 힘들어하는 것이 무조건 악한 것은 아니다. 물론 악할 수도 있는데 이는 우리가 그로 인해 무엇을 하느냐에 달려 있다.

이전 장에서 나는 세 가지 무익한 반응을 설명했다. 분노와 불안과 무관심이 그 반응들이었다. 그렇다면 해법은 무엇일까?

초점을 맞추라(F), 경배하라(A), 찾으라(S), 믿으라(T)

 나는 축약어(두문자어)를 별로 좋아하지 않는다. 때로는 억지스럽게 보이기 때문이다. 하지만 여기서는 내 규칙을 깨야겠다. 기다림 속에서 방향을 잃을 때는 안개 속에서 빠져나오기 위해 기억하기 쉬운 길이 필요하기 때문이다. 머릿속이 하얘지고 내적 긴장이 치솟을 때는 '패스트'(FAST)기다려야 한다는 점을 기억하기 바란다. 여기서 '패스트'(FAST)는 초점을 맞추고(Focus), 예배하고(Adore), 찾고(Seek), 믿는(Trust) 것을 말한다.
 이 과정은 시편 25편에서 찾은 네 가지 원칙을 요약한 것이다.

초점을 맞추라(Focus)
 첫 번째 단계는 초점을 바꾸는 것이다. 우리는 불확실성 혹은 우리가 통제할 수 없는 상황에 생각과 감정을 집중하기 쉽다. 그럴 때 다음과 같이 말하곤 한다.

"무슨 일이지? 왜 이렇게 오래 걸리는 거야?"

"아직 아무 소식도 들리지 않아. 그건 분명…."

"불안해 죽겠어. 일단 뭐든 행동해야겠어."

"내가 뭘 잘못했을까? 왜 문제가 해결되지 않지?"

"과연 하나님이 내 말을 듣고 계시기는 한 건가?"

이런 마음가짐에서는 우리가 모르는 것이나 가지지 못한 것에만 초점을 맞추기 쉽다. 그렇게 되면 많은 에너지가 소비된다.

첫 번째 단계는 이 패턴을 깨닫고 그 공백을 영적 기회로 바꾸는 것이다. 우리는 '공백 중심'의 마음가짐으로 살지 않고, '하나님 중심'의 관점을 품고 살기로 선택할 수 있다. 그렇게 하면 통제력을 상실한 것이 오히려 영적 성장을 위한 기회가 될 수 있다. 이는 초점을 바꾸는 데서 시작된다.

시편 25편 1-3절에서 이런 의도적인 전환을 볼 수 있다. 이 시편의 배경은 사람들과의 갈등으로 보인다. 다윗은 자신을 외롭고 괴롭고 근심이 많고 고통스러운 사람으로 묘사한다(시 25:16-17). 갈등이 극심했던 것이 분명하다. 하지만 이 시편은 소망 가득한 목적으로 시작된다.

> ° 여호와여 나의 영혼이 주를 우러러보나이다
> 나의 하나님이여 내가 주께 의지하였사오니
> 나를 부끄럽지 않게 하시고 나의 원수들이
> 나를 이겨 개가를 부르지 못하게 하소서
> 주를 바라는(기다리는) 자들은
> 수치를 당하지 아니하려니와(시 25:1-3).

다윗은 분노나 걱정으로 기다림을 낭비하는 대신, 초점을 하나님께로 향한다. '기다림'에 해당하는 성경 속 단어들의 의미를 기억하는가? 기다림은 하나님께 받거나 그분을 바라보는 것이다.

이 첫 번째 단계가 가장 힘들 수 있다. '공백의 순간'의 감정적 힘은 매우 강하기 때문이다. 하지만 의도적으로 이런 전환을 하면 큰 소망이 있다. 앤드류 머리는 이것을 햇빛 아래로 이동하는 것에 비유한다.

> 자신이 아무리 연약하게 느껴져도 와서 그분의 임재 안에서 그냥 기다리라. 약하고 아픈 환자를 밖으로 데리고 나가 따스한 햇빛을 쐬게 하는 것처럼, 당신 안의 어둡고 차가운 모든 것을 그대로 품은 채로 하나님의 거룩하고

전능하신 사랑의 햇빛 아래로 나오라. 거기 앉아서 기다리며 한 가지만 생각하라. "지금 나는 그분 사랑의 햇빛 아래에 있다"라는 생각만 하라. 태양이 그 빛을 찾는 약한 자의 안에서 작용하듯, 하나님이 당신 안에서 역사하실 것이다.[25]

초점을 바꾸라. 당신 삶에 관해 모르는 것을 골똘히 생각하며 살지 말라. 대신 이 진리를 품으라. "주를 바라는(기다리는) 자들은 수치를 당하지 아니하려니와"(시 25:3).

경배하라(Adore)

두 번째 단계는 예배하는 심정으로 하나님에 관해 아는 진리를 되새기는 것이다. 불확실성을 생각하며 두려움에 떨지 말고 하나님에 관해 아는 진리에 집중하라. 이 단계는 하나님을 생각하며 그분의 영광으로 삶의 공백들을 채우는 것이다.

내면의 질문을 "무엇이 빠져 있는가?"에서 "하나님은 어떤 분이신가?"로 바꾸라.

시편 25편 5절에서 우리는 이런 예배의 자세를 볼 수 있다. "주는 내 구원의 하나님이시니 내가 종일 주를 기다리나이다." 이것은 단순히 사실을 고백한 것이 아니다. 다윗은 기다림과 예배를 연결하고 있다. 그는 삶의 공백들을 경배로 채우고 있다.

그날 테라스에서 아내와 대화를 나눈 뒤 나는 시편 27편 1절을 암송하면서 이것을 실천했다. "여호와는 나의 빛이요 나의 구원이시니 내가 누구를 두려워하리요 여호와는 내 생명의 능력이시니 내가 누구를 무서워하리요." 나는 '두려워하다'와 '무서워하다'라는 단어에 초점을 맞추지 않고 하나님이 어떤 분이신지를 강조했다. 때로 나는 진리를 내 영혼에 더 깊이 새기기 위해 '이요'와 '이시니'를 더 강조해서 말했다. "여호와는 나의 빛**이요** … 여호와는 내 생명의 능력**이시니**." 영광은 무게와 관련이 있기 때문에 하나님의 진리가 내 공백의 순간에 모든 공간을 채우는 상상을 했다.

하나님이 어떤 분이신지에 관한 진리로 내 기다림을 채우자 모든 것이 변했다.

하지만 시편 25편과 27편은 출발점일 뿐이다. 나는 다른 구절들도 묵상하고 암송하는 것이 도움이 된다는 사실을 발견했다. 부록에 성경 구절들의 두 가지 목록을 실어 놓았다. 한 목록의 구절들은 "하나님은 …이시다"이고, 다른 목록의 구절들은 "하나님, 당신은 …이십니다"이다.

성경적 기다림은 인생의 공백들을 경배로 채우는 것이다.

찾으라(Seek)

세 번째 단계는 하나님의 도우심을 초대하고 요청하는 것이다. 이 단계도 기다림을 적극적인 것으로 만든다. 기다림을 아무것도 하지 않는 것이라고 착각하기 쉽다. 하지만 성경적 기다림은 하나님의 도우심을 새롭게, 심지어 절박하게 찾는 것이다.

시편 25편에서 하나님의 구원에 대한 요청을 많이 발견할 수 있다. 몇 가지 예만 들어보면 다음과 같다.

- 내게 돌이키사 나에게 은혜를 베푸소서(시 25:16).
- 나를 고난에서 끌어내소서(시 25:17).
- 나의 곤고와 환난을 보시고(시 25:18).
- 내 영혼을 지켜(시 25:20).
- 나를 구원하소서(시 25:20).

요청이 줄줄이 이어진다. 우리는 기다릴 때 바로 이렇

게 해야 한다. 우리가 눈앞의 상황을 통제할 수 없으니 통제하시는 분께 말씀을 드려야 한다. 우리는 모르는 것이 많으니 모든 것을 아시는 분을 찾아야 한다. 유진 피터슨(Eugene Peterson)은 이에 관해 다음과 같이 말했다.

> 소망은 아무것도 하지 않는 것을 의미하지 않는다. 소망은 숙명론적인 체념이 아니다. 소망은 하나님이 의미와 결말(conclusion)을 주실 줄 믿고서 주어진 일을 하는 것을 의미한다. 거짓 영성으로 겉모습을 유지하기 위해 애를 쓰는 것이 아니다. 그것은 두렵고 다급하고 불안해서 교묘한 술수를 쓰는 것의 정반대이다.[26]

기다림이 아무것도 하지 않는 것을 의미한다고 착각하지 말라. 대개 기다림은 단지 우리가 하고 싶은 것을 하지 않는 것을 의미한다.

성경적 기다림은 적극적이다. 그것은 하나님을 찾는 것이다.

믿으라(Trust)

마지막 단계는 하나님이 믿어도 되는 분임을 앎에서 오

는 만족과 영적 쉼을 믿음으로 받아들이는 것이다. 초점을 맞추고 예배하고 찾을 때 이런 상태에 이를 수 있다. 성경적 기다림은 하나님에 관해 아는 진리를 긍정하고 그 진리에 따라 사는 법을 배우는 것이다. 단, 그렇게 한다고 해서 우리의 모든 의문이 해결되는 것은 아니다. 기다림이 금방 끝나는 것도 아니다.

시편 25편의 마지막 부분을 보면 다윗은 여전히 불확실성의 한복판에 있다. 아직 두려움이 남아 있다. 하지만 그는 하나님을 기다리기로 선택한다.

> ° 내 원수를 보소서 그들의 수가 많고
> 나를 심히 미워하나이다 내 영혼을 지켜
> 나를 구원하소서 내가 주께 피하오니
> 수치를 당하지 않게 하소서 내가 주를 바라오니
> 성실과 정직으로 나를 보호하소서 하나님이여
> 이스라엘을 그 모든 환난에서 속량하소서 (시 25:19-22).

시편 27편에서도 이런 소망과 믿음의 자세가 표현되어 있다.

> 내가 산 자들의 땅에서 여호와의 선하심을 보게 될 줄
> 확실히 믿었도다 너는 여호와를 기다릴지어다
> 강하고 담대하며 여호와를 기다릴지어다(시 27:13-14).

기다림은 답을 분명히 알 수 없는 가운데서도 하나님을 피난처로 받아들이는 것이다.

기다려야만 하는 상황에서 당신의 전략은 무엇인가? 강한 감정들에 휩싸이지 말고 '패스트'(FAST)를 틀로 사용하여 기다림을 영적 기회로 전환하라. 나는 이런 식으로 내 정신과 마음을 바로잡을 때의 실질적인 유익들을 직접 경험했다. 공백의 순간이 찾아와 걱정의 파도가 치솟을 때 초점을 맞추고 경배하고 찾고 믿는 쪽으로 '패스트'(FAST)로 전환하면 큰 효과가 있었다. 앞으로 불확실성이나 지체, 절망감이 찾아올 때는 당신의 삶에 관해서 모르는 것에 초점을 맞추지 말고 하나님에 관해 아는 진리를 기억하며 기다리기를 바란다.

성경적 기다림은 사려 깊은 삶을 필요로 한다. 삶의 불확실성과 난관을 직시하면서 생각의 방향을 전환할 수 있다. 그렇게 하면 기다림을 허비하지 않고 최대한 활용할 수 있다. 앤드류 머리는 이 개념을 다음과 같이 정리한다.

어떤 감정이 느껴지고 어떤 변화가 찾아올지 우리 혼자 기다리는 것이 아니다. 우리는 하나님을 기다린다. '먼저' 그분이 어떤 분이신지를 알고 나서 그분이 무엇을 하실지를 알기 위해 기다린다.[27]

다시 말해, 하나님이 도우실 것이다. 반드시!

말씀을 붙들며
기다리는 이들을 위한 질문

1. 기다림으로 극심한 절망에 사로잡혔던 시기를 묘사해 보라.

2. 성경적 기다림과 우리가 흔히 생각하는 기다림 사이의 근본적인 차이점은 무엇인가?

3. 당신의 사고 속에서 성경적 기다림을 방해하는 걸림돌들은 무엇인가?

4. 패스트(FAST)의 네 단계 중에서 무엇이 가장 어려운가? 이유는 무엇인가?

5. 부록에서 "하나님은 _____이시다"의 성경 구절과 "하나님, 나의 _____이십니다"의 성경 구절을 보라. 어떤 구절이 가장 의미가 있는가? 이유는 무엇인가?

6. 이번 장의 원칙들을 현재 혹은 미래의 기다림에 어떻게 적용할 수 있을까?

///////////

4.
인내로

_____ 기다립니다

: 기다림은 느리다, 내가 생각하는 것보다 더

○

내가 여호와를 기다리고 기다렸더니
귀를 기울이사 나의 부르짖음을
들으셨도다
(시 40:1).

    나는 상담자가 내담자의 대답에 웃지 말아야 한다고 생각한다. 하지만 내 상담자는 웃었다. 그리고 나도 따라 웃었다. 내 말이 얼마나 터무니 없는지를 금방 깨달았기 때문이다.

    한편 웃으니까 기분이 좋아졌고 그것이 상담 진행에 도움이 되었다.

    나는 쉽게 해결되지 않는 개인적인 상처와 실망스러운 일로 상담을 받고 있었다. 나 자신과 인생의 상황들에 대한 좌절감을 상담자에게 고백했다. 상담자는 내 문제의 근본 원인을 파악하기 위해 한 가지 간단하지만 통찰력 깊은 질문을 던졌다. "목사님이 무엇을 기대하고 있는지 말해 보세요." 이 단순한 질문이 왠지 마음에 걸렸다. 그리고 당시에는 그 이유를 알지 못했다. 어쩌면 이 질문이 좋은 질문이었기 때문이었는지도 모른다.

본능적으로 이렇게 대답했다. "저는 특별히 기대하는 것이 없어요."

그 말에 상담자는 웃음을 참지 못했다. 그리고 이어서 내 아내도 따라 웃었다. "왜 그러시죠?" 나는 방어적으로 굴었다. "농담이 아니에요. 정말로 기대하는 것이 하나도 없어요."

그러자 상담자가 미소를 지으며 말했다. "목사님, 누구나 기대하는 것이 있답니다."

순간, 우리는 모두 큰소리로 웃기 시작했다. 좀 이상하게 생각할지 모르지만, 내가 아무런 기대도 없이 사는 사람이라고 절대적으로 확신한 것은 우스운 일이었다. 그것은 사실이 아닐 뿐 아니라 그렇게 생각하는 것은 큰 문제였다. 왜일까?

나 자신의 기대를 모르는 탓에 특히 기다림의 순간에

많은 스트레스가 추가로 생겼기 때문이다.

나도 모르게 힘든 일을 더 힘들게 만들고 있었다. 그렇지 않아도 힘든 상황에 실망감까지 더하고 있었다. 내 조급함과 기대 사이의 관계를 보기 시작했다. 나는 다음과 같은 것을 배웠다.

기다림은 기대한 대로 이루어지지 않아도 견뎌 내는 인내가 필요하다.

지금까지 우리는 기다림이 힘들고 흔할 뿐 아니라 성경의 주된 주제 중 하나라는 점을 배웠다. 지난 장에서 나는 성경적 기다림을 위한 전략을 소개했다. 초점을 맞추고, 경배하고, 찾고, 믿는 것(FAST)이 그 전략이었다. 이 전략을 통해 기다리는 시간이 낭비하는 시간일 필요가 없다는 점을 알게 되었으리라 믿는다. 우리 관점을 "하나님은 왜 이런 일을 허락하시는가?"에서 "하나님은 어떤 분이신가?"로 바꾸면 인생의 공백들을 영적 목적으로 채울 수 있다.

이번 장에서는 우리의 마음가짐을 "이것은 내가 기대했던 것이 아니야"에서 "인내로 기다리겠어"로 바꾸는 법을 탐구할 것이다.

시편 40편의 끝에서 시작하기

시편 40편은 기다림이라는 주제의 성경 구절에서 가장 익숙한 구절 중 하나이다. 아마 1980년대 U2의 노래를 통해 이 시편을 처음 들은 사람들도 있을 것이다. 이 노래의 곡조와, 함께 노래를 부르던 군중의 소리가 아직도 귓가에 쟁쟁하다. "새 노래를 부르리"(I will sing, sing a new song). 나는 소망을 담은 구절들로 인해 장례식장에서 시편 40편이 인용되는 것을 자주 보았다. 내가 병문안을 갈 때 병상에서 읽어 주는 성경 말씀은 바로 이 시편이다. 이 시편은 깊은 위로를 전해 주기 때문이다. 시편 40편은 격려의 언어로 가득하다.

원래는 구절들의 순서대로 논리의 흐름을 따라가야 한다. 하지만 이 시편이 기다림의 시기에 어떤 도움이 되는지를 이해하기 위해서는 맨 마지막부터 시작해야 한다. 마지막 구절은 이렇게 말한다. "주는 나의 도움이시요 나를 건지시는 이시라 나의 하나님이여 지체하지 마소서"(시 40:17). 이 시편은 소망과 절박감이 뒤섞인 간구로 마무리된다. 시편 기자는 하나님이 어떤 분인지를 이해하고 받아들인 상태에서 도움을 요청한다. 이 부분을 명심해야 한다. 이것이

이 시편의 나머지 부분의 틀을 형성하기 때문이다.

시편 40편은 인내로 기다리기 위한 전략을 보여 준다.

이 시편이 쓰인 배경은 나타나 있지 않지만 몇 가지 단서는 있다. 이 시편을 재빨리 훑어보면 다윗은 버거운 문제들, 개인적인 실패, 깊은 낙심으로 걱정을 표현하고 있다(시 40:12). 그는 공격받고 있었고, 사람들은 그의 고통에 기뻐하고 있었다(시 40:14). 어떤 이들은 그의 불행을 고소해했다(시 40:15). 그는 자신을 "가난하고 궁핍"한 자로 묘사한다(시 40:17). 배경이 어떠하든 하나님의 도우심이 절박했던 것이 분명하다.

다윗은 구원을 기다리고 있다.

그리고 이 시편에서 그가 표현하고 있는 것은 인내로 기다리는 법을 이해하는 데 도움을 준다.

인내를 다시 정의하기

'인내'라는 단어에 관한 생각을 바꾸면서 시작해 보자. 시편은 뒤를 돌아보면서 시작된다. 첫 번째 구절은 시편 전체에서 가장 유명한 구절일 것이다. "내가 여호와를 기다리고 기다렸더니"(시 40:1). 하지만 당신은 여기에 뭔가 빠진 것이 있다는 것을 몰랐을 것이다.

바로 '인내로'라는 단어다.

방금 이 구절을 읽었기 때문에 이게 무슨 말인가 싶을 것이다. 주요한 영어 역본들은 첫 구절에 '인내로'(patiently)라는 단어를 포함시켰다. 하지만 히브리어 원문을 보면 이 단어를 찾을 수 없다. 1절에 '인내로'라는 단어는 없다. 히브리어 원문에도 '인내로'라는 단어를 넣는 것이 적절할 수 있지만 다윗은 그 단어를 사용하지 않았다.

대신 다윗은 한국어 역본처럼 '카바(qavah)'(기다리다)라는 단어를 두 번 반복하는 방법을 선택했다. 그래서 유진 피터슨은 시편 40편 1절을 이렇게 번역했다. "나, 하나님을 기다리고 또 기다렸더니"(메시지성경). 의미를 담기 위해 여기서 '인내로'라는 단어를 추가하는 것이 전혀 틀린 것은 아니지만 "나는 기다리고 기다리고 또 기다렸다"라는 표현은 느낌이 다르게 들리지 않는가? 내 귀에는 그렇다. 그리고 나는 이 표현이 도움이 되었다. 그 이유는 이렇다. 이 표현은 인내가 단순히 내가 원하거나 기대했던 것보다 더 오래 기다림으로써 시작된다는 점을 보여 준다.

인내로 기다리는 것은 시간이 추가되는 불편한 상황을

받아들이는 것이다.

처음에는 지나친 단순화처럼 들릴 수 있다. 하지만 나는 그렇게 생각하지 않는다. 원래 나는 인내란 기다리는 경험에 대한 완전히 다른 마음가짐이 필요한 것이라고 생각했다. 물론 그런 면도 있다. 하지만 인내가 단순히 그만두지 않거나 포기하지 않는 것을 의미한다면 어떠한가? 인내가 옳은 것을 계속하는 것을 의미한다면 어떠한가? 감정적인 반응 같은 무익한 것을 하지 않는 것이 인내의 더 중요한 측면이라면 어떠한가?

신약 성경에서 '인내'의 의미는 이 점을 보여 준다. 인내라는 의미에 가장 자주 사용되는 헬라어 단어(마크로두미아, makrothumia)는 "화나는 상황이나 불행 앞에서 불평이나 짜증을 내지 않는 감정적 평온의 상태"를 의미한다.[28] 이러한 정의가 있는 것(감정적 평온)과 없는 것(불평이나 짜증)을 강조한다는 점을 눈여겨보라. 다시 말해, 인내는 무엇을 하는지의 문제만이 아니라 무엇을 하지 않기로 선택하는지의 문제다. 요하네스 로우(Johannes P. Louw)와 유진 나이다(Eugene A. Nida)가 편집한 헬라어-영어 사전은 다른 언어들에서 인내를 어떻게 표현하는지를 보여 준다. "많은 언어에서 '인내'는 관용어적으로 표현된다. 예를 들어, '마음이 그대로 유지되는 것' 혹은 '마음이 날뛰지 않게 하는 것', '기다리는 마음을 품는 것' 같은 경우가 그렇다."[29]

내 경우에는 기다림을 단순히 가만히 있거나 뛰지 않는 것으로 생각하는 것이 도움이 된다. 실제로 이렇게 해야 한다. 이렇게 생각하면 좋은 기다림에 관한 기준이 바뀐다.

'인내'라는 단어가 500년 전에 어떻게 사용되었는지를 돌아봐도 이 점을 확인할 수 있다. 킹제임스성경(King James Bible, 1611년)을 자주 읽는 사람이라면 인내에 해당하는 옛 영어 단어가 '오랫동안 참는 것'(longsuffering)이라는 점을 알 것이다. 내가 이 단어를 좋아하는 것은 고난 속에서 내가 하는 경험을 잘 표현해 주고, 더 구체적인 목표를 제공해 주기 때문이다. 우리 목표는 자신이 기대한 시간보다 더 오래 참는 것이어야 한다.

시편 40편은 인내에 대한 우리의 시각을 조정해 준다는 점에서 매우 유익하다. 물론 인내는 바른 태도가 필요하다. 즉 하나님을 겸손히 의지하는 태도가 중요하다. 그런데 내 경우에는 기대가 기다림에 대한 나의 시각에 어떤 영향을 미치는지를 이해한 것이 큰 도움이 되었다. 인내는 내 삶 속에서 일어날 것이라고 기대했던 것을 내려놓을 때

생긴다.

나는 하나님을 기다리고 기다리고 또 기다렸다.

우리의 기대가 하나님을 기다리는 것을 어떻게 더 힘들게 만들까? 말로 표현하지 않은 기대들을 속에 품고 있는 사람은 나만이 아니다. 이 책의 끝부분에서 이 점에 관해 더 탐구할 것이다. 일단 여기서는 우리의 바람이나 계획, 타이밍이 기다림에 대한 우리의 접근법에 어떤 영향을 미치는지를 살펴보자.

시편 40편은 우리의 기대를 조정해서 인내로 기다리도록 도와준다.

하나님의 신실하심에 대한 지도 그리기

인내를 기르기 위한 또 다른 단계가 있다. 이 단계에는 역사적 시각이 필요하다. 시편 40편은 대부분 과거를 돌아보는 구절이다. 다윗은 비록 극심하고 절박한 상황 때문에 이 시편을 쓰고 있지만 이 시편에서 하나님의 지난 도우심을 강조한다. 그는 단순히 기억만 하고 있지 않다. 그는 하나님이 이전에 구원해 주신 일을 기념하고 있다. 인내로 기다리기 위해서는 이런 지혜를 배워야 한다.

이렇게 과거의 역사에 초점을 맞추는 것은 이 시편 전체에서 나타나며, 이 초점은 처음 세 구절에서 시작된다.

> ° 내가 여호와를 기다리고 기다렸더니
> 귀를 기울이사 나의 부르짖음을 들으셨도다
> 나를 기가 막힐 웅덩이와 수렁에서 끌어올리시고
> 내 발을 반석 위에 두사 내 걸음을 견고하게 하셨도다
> 새 노래 곧 우리 하나님께 올릴 찬송을
> 내 입에 두셨으니 (시 40:1-3).

다윗이 과거의 정확히 어떤 사건을 말하는 것인지는 분명하지 않다. 하지만 그가 이전에 두렵고 불확실한 상황에서 하나님의 신실하심을 경험한 것만큼은 분명하다. 그는 하나님의 지난 역사를 기념하고 있다. 유진 피터슨은 하나님의 신실하심에 관한 지도 만드는 것을 인내를 기르기 위한 의도적 전략과 연결시킨다. 우리가 인내로 기다리기 위한 방법은 다음과 같다.

하나님은 우리와의 관계를 고수하신다. 그분은 우리와

개인적인 관계를 맺고 유지하신다. 그리스도인들의 핵심적인 현실은 우리를 향하신 하나님의 개인적이고 변함없고 인내하는 헌신이다. 인내는 '우리'의 결단의 결과가 아니다. 그것은 하나님의 헌신의 결과다. 신앙의 길에서 우리가 생존하는 것은 우리의 남다른 끈기 때문이 아니라 하나님이 의로우시기 때문이다. 하나님이 끝까지 우리와 함께하시기 때문이다. 그리스도의 제자의 길은 하나님의 의에 점점 더 많은 관심을 쏟고 우리 자신의 의에 점점 덜 관심을 쏟는 과정이다. 그 길은 우리의 마음가짐과 동기와 도덕을 점검하는 것이 아니라 하나님의 뜻과 목적을 믿는 데서 삶의 의미를 찾는 것이다. 그 길은 오르락내리락하는 자신의 의지를 보는 것이 아니라 하나님의 신실하심에 관한 지도를 만드는 것이다. 그렇게 할 때 우리는 끈기를 얻을 수 있다.[30]

당신의 삶에서 하나님의 신실하심에 관한 지도는 어떤 모습인가? 이 질문이 가장 중요한 때는 불확실성의 시기를 지날 때다. 그 시기에는 과거에 하나님이 우리와 어떻게 함께해 주셨고, 우리를 어떻게 도우셨으며, 우리의 기다림이 어떻게 허비되지 않았는지를 돌아보는 것이 매우 중요하다.

내게는 많은 일기장과 함께 수년간 개인적인 묵상에 사용해 온 성경책이 한 권 있다. 마음에 와닿는 구절에 밑줄을 그었고, 많은 경우 그 옆에 날짜와 특정한 사건을 적었다. 대부분의 메모는 기다림의 시기에 기록한 것이다. 당시에는 메모하는 것이 내 마음의 방향을 바꾸는 방법이었다. 하지만 지금 그 메모들은 하나님의 신실하심을 보여 주는 기념비 역할을 한다. 나는 이 성경의 페이지들을 넘기면서 하나님이 나를 어떻게 도우셨는지를 기억한다. 그 메모들을 보면 하나님의 목적과 계획이 보인다. 지금은 시급함과 불확실성이 내 시야를 가리지 않는다. 그분의 신실하심을 보여 주는 굵직한 사건들이 분명하게 눈에 들어온다.

기다림의 압박 속에서는 하나님의 역사를 망각하기 쉽다. 두려움과 불안과 조급함은 우리로 하여금 불신의 행동을 하게 만든다. 지금 바로 하던 일을 멈추고 당신의 지난 삶 속에 나타났던 하나님의 신실하심에 관한 지도를 만들어 보라. 당신이 기대한 것보다 더 오래 기다렸지만 동시에 하나님의 공급하심과 도우심을 경험했던 상황을 생각해 보라. 이런 중요한 순간을 잊기 쉽다. 하나님이 당신을 "끌어올리시고" 당신의 발을 "바위 위에 두"신 일들을 기록해 보라. 감정적으로 힘들 때 하나님이 어떻게 은혜를 주셨는가? 새 노래를 부르도록 하나님이 어떻게 도와주셨는가? 일기를 즐겨 쓰는 편이라면 지금까지 쓴 일기를 다시 보면서 지난 시련 속에서 하나님의 임재와 돌보심이 어떻게 나타났는지를 확인해 보라. 부록3에 참고용으로 기록노트를 수록해 놓았다. 어렵지 않다. 그저 삶에서 하나님이 약속을 지켜주셨던 상황을 구체적으로 기록하고, 되새겨야 할 교훈을 적으면 된다.

하나님의 신실하심에 관한 지도를 만들면 인내로 기다리는 데 도움이 된다.

상상하며 기도하라

인내로 기다리기 위한 마지막 방법은 믿음의 상상력을 발휘하는 기도다. 우리에게 필요한 것과 하나님이 행하시길 바라는 바를 상상하는 것이다. 기도는 이런 미래 지향적이고 소망적인 갈망을 표현하는 통로다. 시편 40편에 이런 기도가 두 번 나타난다.

° 여호와여 주의 긍휼을 내게서 거두지 마시고
주의 인자와 진리로 나를 항상 보호하소서 …
주를 찾는 자는 다 주 안에서 즐거워하고
기뻐하게 하시며
주의 구원을 사랑하는 자는
항상 말하기를 여호와는 위대하시다
하게 하소서(시 40:11, 16).

창의적인 소망으로 가득한 이 기도문들 부근의 다른 구절들을 보면 불확실성과 고통을 솔직히 인정하는 내용이 담겨 있다. 12절에서 다윗은 자기 주변의 셀 수 없이 많은 악을 묘사한다. 다른 구절(14절)에서 그는 자신을 해치려는 사람들로 인한 불안감을 표현한다. 하지만 다윗은 상상하는 기도로 이런 현실에 대응한다. 그는 다른 영역, 다른 세상에서 오는 힘을 바라본다. 시편 27편에도 같은 메시지가 발견된다. 이 시편은 거짓 증언과 폭력 속에서 쓰였음에도 믿음으로 충만하다.

° 내가 산 자들의 땅에서 여호와의 선하심을 보게 될 줄
확실히 믿었도다 너는 여호와를 기다릴지어다

강하고 담대하며 여호와를 기다릴지어다(시 27:13-14).

이 시편에서 기다림이 두 번 표현되고 있어서 이 시편을 인내로 기다림을 명령하는 성경 구절의 또 다른 예로 볼 수 있다.

하나님이 행하시길 바라는 것을 믿음으로 상상하며 기도하는 것은 인내하지 않는 것이 아니다. 때로 나는 인내를 체념과 혼동한다. 하지만 인내로 기다리는 것은 숙명론적이거나 염세주의적인 것이 아니다. 기다리면서도 소망을 품고서 하나님의 도우심을 창의적이고도 열심히 구하는 것이다.

기다리지 않고 자신의 힘으로 무엇을 할 수 있을지 혹은 이 시련이 없다면 얼마나 좋을지를 생각하기보다는 믿음을 키우기 위해 상상력을 발휘하라. 시편의 페이지를 넘기면서 약속이나 확신, 믿음 충만한 말씀을 찾아라. 그런 약속을 당신의 것으로 삼아라. 그런 약속이 당신의 삶에 이루어지게 해달라고 하나님께 요청하라. 힘든 시절이 지나간 뒤를 상상하라. 그때 당신은 어떤 사람이 되기를 원하는가? 힘든 시절에 배운 교훈으로 인해 어떤 종류의 사람이 되기를 원하는가? 기대한 대로 이루어지지 않는 것을 걱정하며 시간을 허비하기 쉽다. 하지만 인내로 기다리는 것은 그런 것과 다르다. 이 기다림은 자신'에게' 일어나고 있는 일보다 자신의 '안에서' 일어날 수 있는 일을 생각하는 것이다. 그것은 눈앞의 상황에서 눈을 떼어 하나님의 은혜로운 개입으로 나타날 수 있는 소망스러운 미래를 바라보는 것이다. 앤드류 머리는 이렇게 말한다. "따라서 우리가 필요하다고 생각하는 것만이 아니라 하나님의 모든 은혜와 능력을 받기 위해서 그분을 기다리는 습관을 기르자."[31]

상상하며 기도하는 것은 하나님을 인내로 기다렸을 때 찾아올 좋은 결과를 꿈꾸는 것이다.

인내를 기르라

시편 40편에서 발견한 중요한 원칙들을 살펴보았으니 이제 이 원칙들을 삶에 실질적으로 적용해 보자. 좌절이나 불안, 조급함이 가득한 시기를 지나고 있다면 다음과 같은 단계를 밟는 것이 도움이 될 것이다.

자신의 기대를 확인하라

기대와 관련한 문제점 중 하나는 우리 자신에게 그런 기대가 있는지 모를 때가 많다는 점이다. 기대는 고민하지 않고 당연하게 여기는 것이다. 기대는 무의식 속에 숨어서 우리 감정에 큰 영향을 미칠 수 있다. 대개 기대는 소망, 바람, 꿈과 관련이 있다.

기대를 확인하는 것은 단순히 자신이 생각하고 느끼는 것을 표면 위로 끌어올리는 것을 의미한다. 예를 들어 기대는 이런 것이다. "마흔 살에는 결혼할 줄로 예상했어." "3주 안에 상사에게서 연락이 올 줄로 생각했어." "5년 안에는 아이가 생기길 소망했어." "검진 결과가 일주일이나 걸리다니 믿을 수 없어." 실망감을 인정하고 자신이 예상했던 시간을 구체적으로 확인하면 이 과정에 도움이 된다.

이런 과정은 기본적으로 감정적인 것을 이성적으로 바라볼 수 있도록 도와준다. 우리가 기다린 시간이 너무 긴 경우도 있다. 하지만 실망감이 기다림을 실제보다 더 길게 느껴지게 만들 수도 있다. 조급함과 기대가 짝을 이루어 상황을 악화시키는 경우도 많다. 위의 문단에 있는 사례들에서 단어들을 눈여겨보라. '예상했다, 생각했다, 소망했다, 믿다.'

기다림의 시간이 힘들 때 이 단계를 적용할 수 있다. 하지만 실제로 기다림이 찾아오기 전에도 기대하는 바를 확인하는 것이 도움이 된다. "~까지는 해결될 것이라 예상한다." "~안에 답을 얻을 것 같다." "~까지는 상황이 분명해질 것 같다." 자신의 기대를 사전에 확인하면 그 기대가 합리적인지 판단하고 기다림을 미리 준비할 수 있다.

자신의 기대를 확인하면 그 기대를 직시하고 하나님께 맡길 수 있다.

긴장을 받아들이라

두 번째 단계는 기다림이 낳는 긴장을 대하는 자신의 태도나 시각을 바꾸는 것이다. 이 책을 읽으면서 기다림에 관한 생각이 바뀌기 시작했을 것이다. 나는 우리 대부분이 기다림에 대해 기본적으로 부정적인 시각을 품고 있다고 말했다. 하지만 기다림 속에서 영적 기회를 보면 그런 시각이 바뀌기 시작할 수 있다.

하나님이 긴장 속에서 행하고 계신 일을 가치 있게 여기면 인내가 생긴다.

이런 면에서 하나님의 지난 신실하심에 관한 지도를 만드는 것이 특히 유용하다. 과거를 돌아보면 하나님이 기다림의 시기에 우리를 어떻게 성장시키셨는지를 볼 수 있다. 물론 당시에는 힘들고 혼란스러울 수 있다. 하지만 시간이 지나고 보면 영적 유익들이 눈에 들어온다. 예레미야 선지자는 예레미야애가 3장에서 다음과 같이 썼다.

> ° 기다리는 자들에게나 구하는 영혼들에게
> 여호와는 선하시도다 사람이 여호와의 구원을 바라고
> 잠잠히 기다림이 좋도다 사람은 젊었을 때에
> 멍에를 메는 것이 좋으니(애 3:25-27).

이는 주로 젊은 사람들이 조급한 이유일 수 있다. 젊은 사람들은 기다림의 가치를 가르쳐 주는 인생 경험이 부족한 경우가 많다. 경험은 좋은 스승이다.

따라서 인내를 기르기 위한 핵심 단계 중 하나는 긴장이 불편하기는 하지만 그것을 좋고 유익한 것으로 받아들이는 것이다. 우리는 실망감에 사로잡혀 이 점을 놓치기 쉽다. C. S. 루이스(Lewis)는 이렇게 말했다. "우리는 그 순간에 다른 좋은 것을 기대하기 때문에 하나님이 주시는 좋은 것을 기분 나빠서 뿌리치는 경우가 많은 것 같다."[32] 나는 다음과 같은 기도를 드리면서 이 현실을 기억하려고 노력했다.

> *하나님, 제가 기다리는 동안 하나님이 역사하고 계심을 기억하게 해주십시오.

> *예수님, 이 긴장이 제 삶 속에서 오래 가는 열매를 맺고 있음을 믿습니다.

> *아버지, 이 기다림이 언제 끝날지 알 권리를 내려놓습니다.

> *하나님, 기다림 속에 강함에 관한 약속이 있음을 믿습니다.

시편 40편은 긴장을 받아들이는 자세를 이렇게 표현한다. "나는 가난하고 궁핍하오나 주께서는 나를 생각하시오니"(시 40:17).

기다림의 긴장을 받아들일 때 인내가 형성된다.

날마다 기다림을 연습하라

인내를 기르기 위한 세 번째 단계는 매일의 연습이다. 지금 힘든 시기를 지나고 있어서 이 책을 집어 들었는가? 지금까지 읽은 내용 덕분에 당신의 삶에 관해 모르는 것에서 눈을 떼어 하나님에 관해 아는 진리를 바라보기 시작했으리라 믿는다.

그런데 이 세 번째 단계는 인내가 절실히 필요해지기 전에 인내심을 얻기 위한 규칙적인 리듬을 기르는 것이다. 나는 이 단계와 좋은 기다림 사이에 직접적인 연관이 있는 것을 발견했다. 이 단계는 내 마음이 기다림을 준비하거나 의식하게 만들어 주기 때문이다. 앤드류 머리는 이 점을 다음과 같이 설명한다.

> 우리의 개인 기도와 회중 기도는 하나님과의 관계를 표현하는 주된 수단이다. 주로 기도를 통해 하나님을 기다리는 습관을 길러야 한다. … 하나님 앞에 조용히 엎드려 그분이 어떤 분이신지, 그분이 얼마나 가까이 계신지, 그분이 얼마나 확실히 도우실 수 있고 도우실지를 기억하고 깨달으라. 그분 앞에 잠잠히 있어 그분의 영이 당신의 영 안에서 어린아이처럼 절대적으로 의지하고 확신 있

게 기대하는 자세를 깨우시게 하라. 당신을 주목하시며 구원으로 당신을 채우기 원하시는 살아 계신 존재, 살아 계신 하나님을 기다리라.[33]

나는 묵상의 시간을 꾸준히 실천해 왔다. 이 시간은 주로 말씀을 읽고, 깨달은 점을 기록하고, 액츠(ACTS) - 경배(Adoration), 고백(Confession), 감사(Thanksgiving), 간구(Supplication) -의 기도를 하는 것으로 이루어진다. 이 기본적인 영적 훈련이 얼마나 감사한지 모른다. 이 훈련은 내 영혼에 큰 유익이 되었다. 하지만 내 묵상의 시간을 '기다림의 시간'으로 전환한 것도 도움이 되었다. 그렇게 매일 하나님을 기다리면 인내를 기를 수 있다. 내가 '패스트'(FAST; 초점을 맞추라, 경배하라, 찾으라, 믿으라)를 어떻게 적용하는지를 다음과 같이 간략하게 정리해 보았다.

초점을 맞추라(Focus)

* 방해 없이 기도하고 묵상할 수 있는 조용한 장소를 찾는다.
* 하나님이 나와 함께하신다는 사실을 기억하기 위해 촛불을 켠다.

* 이 순간의 중요성을 받아들이기 위해 몇 분간 조용히 정신을 집중시키고 마음을 진정시킨다.

경배하라(Adore)
* "하나님은 …이시다"의 목록과 "하나님, 당신은 …이십니다"의 목록에서 몇 구절을 천천히 읽거나 암송한다.
* 하나님에 관한 진리를 기도하며 묵상하고, 하나님이 그런 분이심을 찬양한다.
* 시편을 묵상하며 읽는다. 예배의 수단으로 사용할 수 있는 말씀을 찾는다.

찾으라(Seek)
* 성경을 한 구절 묵상하며 읽는다. 내 것으로 삼을 약속을 찾고 그 구절을 통해 들려오는 성령의 음성에 귀를 기울인다.
* 기도 가운데 다가올 나날을 생각한다. 하나님을 기다려야 할 상황들을 예상한다.

믿으라(Trust)
* 내가 씨름하는 문제들에 대해 하나님의 도우심이 필요

하다는 점을 인정한다.
* 하나님에 대한 소망과 믿음을 표현하면서 마무리한다. "하나님이 도와주실 줄 믿습니다."

이 과정을 몇 분 만에 짧게 할 수도 있다. 하지만 때로 나는 하나님의 임재 안에 오래 머물기도 한다. 그렇게 하면 그분의 도우심에 관한 확신이 나를 휘감아 불안이 사그라지고 내 영혼에 쉼이 찾아온다. 때로는 산책하며 걷는 것이 내 초점을 바꾸는 데 효과적이다. 몸을 움직이면 삶의 속도를 늦추고 기도에 집중하며 깊이 묵상하는 데 도움이 될 수 있다. 서두르면 대개 불안이 찾아온다. 자신만의 장소를 찾는 것도 좋다. 우리 집 근처에 큰 공원이 있는데, 내게 그곳은 신성한 장소다. 울창한 숲의 굽은 오솔길에서 하나님과 나는 많은 이야기를 나누었다. 이 장소와 그곳에서의 내 개인적인 역사에는 자연스럽게 하나님을 기다리게 만드는 뭔가가 있다. 때로 이 아름다운 공원을 따라 드라이브하면 가슴이 벅차오른다. 내 영혼이 쉼을 얻는 것 같은 느낌이 든다.

이 단계들로 당신의 영혼을 돌보기 위한 영적 훈련을 해보라. 평소에 하던 기도 시간에 몇 분을 더해서 하나님에 관해 아는 진리를 묵상해 보라. 일정표를 꺼내 활동들을 하나님께 맡기고, 그분을 기다려야 할 상황들을 두고 기도하라. 두려움이나 불안이 밀려올 때 사용할 수 있도록 몇몇 성경 구절이나 혹은 "하나님은 …이시다"라는 고백을 외우라. 방해 없이 온전히 하나님을 기다리기 위해 신성한 장소와 시간을 정하라.

나는 이렇게 묵상의 시간을 기다림의 시간으로 전환한 결과, 기다림을 단순히 힘든 상황에 대한 반응이 아니라 하나의 라이프스타일로 받아들일 수 있었다. 이러한 날마다의 습관은 기다림을 더 힘들게 만드는 내 안의 기대들을 조정해 준다.

의도적으로 기다림을 위한 시간을 내면 인내심이 더 깊어진다.

내가 기대하는 것이 없다고 착각했던 것을 생각하면 지금도 웃음이 나온다. 나는 조급함과 기대 사이의 연관성을 깨달았다. 인내를 다시 정의하고, 내 기대를 다루고, 긴장을 받아들였더니 이사야서에 약속된 힘을 경험하게 되었다.

° 오직 여호와를 앙망하는 자는 새 힘을 얻으리니
   독수리가 날개 치며 올라감 같을 것이요

달음박질하여도 곤비하지 아니하겠고

걸어가도 피곤하지 아니하리로다(사 40:31).

이런 식으로 인내심을 기를수록 더 많은 자유가 찾아왔다. 기다림은 여전히 힘들지만 이 전략이 큰 도움이 되었다. 나는 하나님을 기다리고 기다리고 또 기다렸다.

기다림은 대개 예상치 못하게 찾아오지만 유익하다.

인내로 기다리는 이들을 위한 질문

1. 삶에 대해 어떤 기대를 품고 있는가?

2. '인내'를 당신 나름대로 정의해 보라.

3. 아직 해보지 않았다면 기다림의 시기에 하나님의 신실하심을 경험했던 일들을 목록으로 작성해 보라. 그런 순간 덕분에 오늘 당신은 어떻게 달라졌는가?

4. 앞으로 기다리는 순간에 하나님이 당신의 삶에서 어떤 일을 행하시기를 원하는가? 기대하는 바를 적어 보라. 괜찮다면 친구나 소그룹 식구들에게 나누라.

5. 인내를 기르기 위한 세 단계 중 무엇이 가장 도움이 되는가?
   그 이유는 무엇인가?

6. 이번 장과 관련해서 바로 해야 할 한 가지 행동은 무엇인가?

////////////

50.
적극적으로

_____ 기다립니다

: 기다림은 명령이다

○

너는 여호와를 기다릴지어다
강하고 담대하며
여호와를 기다릴지어다(시 27:14).

"두려워하지 마세요. 가만히 서서 여호와의 구원을 보세요."

거의 30년 전, 신앙심 깊고 나이가 지긋한 여성도가 내 눈을 똑바로 보며 불안에 떠는 내 마음에 이 성경의 진리를 불어넣었다. 그분이 시기적절하게 인용한 출애굽기 14장 13절은 당시 내게 꼭 필요한 말씀이었다.

나는 사역을 처음 시작한 교회에서 담임목사 후보로 등록했다. 목사 청빙 과정이 대개 그렇듯이 과정이 복잡했다.

내가 교역자 팀에 합류한 지 1년쯤 지났을 때 담임목사가 다른 교회로 부임하게 되었다는 소식을 전달받았다. 그때 나는 새 담임목사 역할을 위해 기도로 면접을 준비하라는 요청을 받았다. 청빙 과정은 느렸다. 청빙위원회는 절차에 따라 공정하게 일을 진행했지만 이상한 소문이 돌면서 교회가 분열되기 시작했다. 청빙 과정이 몇 달간 지속되면서 진흙탕 싸움이 벌어졌다. 그 나이 지긋한 교인이 내게 인내로 기다리라고 격려한 이유였다.

그 교인이 내게 준 도움은 출애굽기 14장을 인용한 것만이 아니었다. 앤드류 머리의 《하나님만 바라라》라는 책도 건네주었다. 그때 그 책을 처음 읽었고, 거기서 내 삶에 필요한 지혜를 얻었다. 머리는 인내심을 발휘하지 못하고 있던 내게 하나님을 기다리기로 선택하는 법을 알려 주었고, 그렇게 했더니 평안이 찾아왔다.

> 지속적이고도 겸손하고도 진실하게 하나님을 기다리는 것을 우리 삶과 예배의 한 특징으로 삼기로 즉시 결심하자. 자신을 위해 우리를 지으신 분이 우리에게 그리고 우리 안에 그분 자신을 주시고 결코 우리를 실망시키지 않으실 것이라고 확신하자. 그분을 기다리면 쉼과 기쁨,

힘, 모든 필요의 채움을 얻게 될 것이다.[34]

앤드류 머리의 짧은 글은 나의 시각을 바꿔 놓았다. 내가 알 수 없는 미래에서 눈을 떼어 내가 알고 있는 하나님에 관한 진리를 바라보게 되었다. 결국 그 교회는 투표 결과 나를 담임목사로 초빙했고, 그곳에서 나는 10년 넘게 사역하고 있다. 긴 불확실성의 시기에 나는 날마다 하나님을 기다리기로 선택할 수밖에 없었다. 힘든 시기였지만 귀한 교훈을 얻을 수 있었다.

그때 그 교훈을 좀 더 온전하게 배웠다면 더 좋았겠다는 생각이 든다.

지난 삶을 돌아보면 나는 의도적으로(Intentionally) 즉 적극적으로 기다리지 못할 때가 많았다. 나의 기다림은 대부분 우연히 혹은 마지못해 이루어졌다. 지금까지 우리는 주로 뜻밖의 불확실성과 인생의 공백기에 하는 것을 탐구해 왔다. 하지만 이번 장은 기다리기로 선택하는 것을 깊이 들여다보고자 한다. 이번 장에서 나는 당신이 다른 모든 것을 시도한 뒤에 어쩔 수 없이 하나님을 기다리는 것이 아니라 의도적으로 기다리도록 돕고 싶다.

우리는 올바른 방식으로 기다릴 뿐 아니라 바로 지금부

터 기다려야 한다.

기다림은 명령이다

이 책의 첫머리부터 나는 하나님을 기다리는 것이 우리가 불확실한 상황 앞에서 무엇에서나 혹은 누구에게서 도움을 찾는지와 관련이 있다는 점을 암시해 왔다. 우리의 목표는 자신의 삶에 관해 모를 때 하나님에 관해 아는 진리에 따라 사는 법을 배우는 것이다. 이는 단순한 제안이 아니다.

성경은 이를 명령한다.

시편 27편은 강한 권면으로 마무리된다. "너는 여호와를 기다릴지어다 강하고 담대하며 여호와를 기다릴지어다"(시 27:14). "여호와를 기다릴지어다"라는 명령은 강조를 위해 두 번 반복되고 있다. 나아가 이 명령은 다른 두 진술과 나란히 나타난다. "강하라." "담대하라." 이 문장들은 수동적이지 않다. 강한 것은 내적인 확신을 품는 것이나 믿는 것 혹은 하나님의 명령을 지키는 것을 의미하고, 담대한 것은 자신의 힘을 증명해 보인다는 개념을 담고 있다(수 23:6;

삿 7:11; 단 10:19를 보라).[35]

하나님을 기다리는 것은 영적인 능력과 관련이 있다.

하나님을 기다리는 것은 그리스도인들이 단순히 곤경에 빠져 절망스러울 때 하는 것이 아니다. 소망을 품었기에 하나님을 기다리는 것이다. 시편 전체에서 이 주제를 볼 수 있다. 시편 27편 14절의 명령은 확신으로 가득한 한 노래의 결말이다. 다윗은 하나님이 "나의 빛이요 나의 구원이시니 … 내 생명의 능력이시니"라는 점을 강조한다(시 27:1). 그는 자신의 적들이 패배하고(시 27:2) 자신이 위태로운 상황에서도 두려움에 빠지지 않을 것이라(시 27:3)고 확신한다. 예배를 중시하는 대목도 나온다. 즉 다윗은 하나님의 집에 거하며 그분의 아름다우심을 응시하는 것이 가장 큰 소원이라고 말한다(시 27:4).

동시에 모든 것이 분명하고 확실하지는 않다. 다윗은 응답되지 않은 기도들에 관해 여전히 걱정하고 있다(시 27:7). 그는 자신을 향한 하나님의 마음을 걱정하고 버림받을까 봐 두려워한다(시 27:8-9). 그는 가족의 거부를 경험했다(시 27:10). 사람들은 그에 관해 거짓말을 하고 있다(시 27:12). 이 배경과 상황을 이해하는 것이 중요하다. 다윗의 삶에서 공백들은 많고도 지속적이었다.

그렇기 때문에 기다리라는 마지막 명령이 그토록 강력한 것입니다.

하나님을 기다리는 것은 불확실성을 다른 자세로 마주하겠다는 선택이다. 기다림은 뭔가를 바라보는 것이기 때문에 이 명령은 하나님을 바라보겠다는 선택을 포함한다. 그래서 우리의 두려움을 자아내는 공백들을 하나님에 관한 진리와 그분이 과거에 보여 주신 은혜의 역사로 채우기로 선택해야 한다. 잠시 이 점을 마음에 새기라. 그러면 당신의 사고에 큰 변화가 찾아올 수 있다.

기다림을 당신'에게' 일어나는 일로 보기보다는 당신이 '선택하는' 일로 바라보기를 바란다. 기다림을 곤경에 빠졌을 때 하는 것으로 보지 않고, 기다림을 의도적으로 받아들인다면 어떻겠는가? 하나님을 기다리는 것을 순종의 표현으로 본다면 어떻겠는가? 소망으로 가득한 강한 믿음의 표현으로 본다면 어떻겠는가? 그러면 진정 깊은 변화를 경험할 것이다.

채워지지 않은 갈망과 욕구, 불분명한 답이 가득한 삶에서 우리는 무기력감과 혼란에 빠질 수 있다. 이런 시기에 목적이 부족하면 좌절감으로 이어질 수 있다. 스스로 상황을 통제할 수 없는 상황에서는 불안감이 싹트기 쉽다. 이렇다 보니 기다림의 시간을 허비하기가 너무 쉽다.

하지만 모든 것은 시각의 문제다.

삶에서 우리는 의도적 기다림을 자연스럽게 실천하는 순간들이 있다. 결혼식을 예로 들어보자. 결혼식의 형식은 천차만별이지만 어느 결혼식장에 가든 볼 수 있는 한 가지 순서가 있다. 내가 가장 좋아하는 순서인데, 바로 신부가 입장하는 순간이다. 결혼식 주례를 자주 서다 보니 나는 신랑이 입장하고 나서 신부가 입장하기 전까지의 공백을 자주 보았다. 신부가 입장하는 순간은 실로 아름다운 순간이다. 하지만 신부가 입장하기 전에 결혼식장의 모든 하객은 기다린다. 단 한마디의 불평도 없이 기다린다.

결혼식장에 초대받으면 일찍 도착해서 자리에 앉아 신부의 입장을 기다려야 한다. 자리에 안내받은 뒤에 신부가 입장하여 결혼식이 본격적으로 시작하기 전까지의 공백은 당연한 것이다. 이는 결혼식에 포함되어 있는 일부이다. 누구도 "앉아서 기다리시오"라고 말하지 않지만 모든 하객이 그렇게 한다.

신부를 기다리는 일은 낭비가 아니다. 당연히 해야 하는 일이다. 그리스도인들에게 기다림도 마찬가지다. 기다림은 그리스도인들이 해야만 하는 것이다.

하나님을 기다리는 것은 우리가 순종해야 할 명령이다.

정체성으로서의 기다림

성경에서 관점의 의도적인 전환을 볼 수 있는 곳은 시편 27편만이 아니다. 다른 텍스트들도 기다림이 우리 정체성의 일부라는 점을 보여 준다. 그리스도인들은 기다리는 자들이다.

시편 31편에서 이 주제를 반복적으로 볼 수 있다. 아마 5절이 익숙하게 들릴 것이다. 예수님이 이 땅에서의 마지막 순간에 이 구절을 인용하신 장면이 잘 알려져 있기 때문이다. "내가 나의 영을 주의 손에 부탁하나이다"(시 31:5). 하지만 기다림의 주제를 담고 있는 것은 마지막 구절이다. "여호와를 바라는(기다리는) 너희들아 강하고 담대하라"(시 31:24). 이 구절도 보호와 구원과 인도와 위로의 필요성에 관한 걱정을 표현하는 일련의 구절 이후에 나타나는 마무리 구절이다.

이 시편은 시편 27편과 비슷한데, 한 가지가 다르다. 시편 31편은 명령하는 대신, 하나님을 기다리는 것을 정체성으로 제시한다. 강하고 담대하라는 명령을 받은 자들은 하나님을 기다리는 자들이다(시 31:24). 이 시편도 소망으로 가득하다. "주를 두려워하는 자를 위하여 쌓아두신 은혜 곧 주께 피하는 자를 위하여 인생 앞에 베푸신 은혜가 어찌 그리 큰지요"(시 31:19). 하지만 이 시편의 접근법은 약간 다르다.

하나님을 기다리는 것은 그분께 소망을 둔 자들의 중요한 특징이다.

하나님을 기다리는 것은 곧 우리의 정체성이다.

유진 피터슨은 소망, 기다림, 정체성을 파수꾼이라는 성경 속 역할과 결합한다. 이 사람의 임무는 지평선에 시선을 고정하고서 기다리는 것이다. 아직 도착하지 않은 무언가, 특히 위험을 살피는 일은 도시의 안보에 필수적이다. 파수꾼에게 시간의 오랜 공백은 예기치 못한 일이 전혀 아니다. 파수꾼이 되는 것은 곧 기다리는 것이다. 유진 피터슨의 설명을 들어보자.

> '기다리다'와 '소망하다'라는 단어들은 밤새 동이 트기를 기다리는 파수꾼의 이미지와 연결되어 있다. 곤경 속에서 "하지만 분명 내가 해야 할 뭔가가 있다!"라고 부르짖

는 사람은 이 연결에서 중요한 통찰을 발견할 수 있다. 그렇다. 당신이 해야 할 무언가, 더 정확하게는 당신이 되어야 할 무언가가 있다. 즉 당신은 파수꾼이 되어야 한다.[36]

이것은 매우 유용한 이미지다. 파수꾼이 되려면 특정한 임무와 역할을 받아들여야 한다. 파수꾼이 기다림에 관해서 불평하는 것은 상상하기 어렵다. 기다림은 그가 맡은 일의 중요한 일부이기 때문이다. 시편 31편은 "여호와를 바라는(기다리는) 너희들"을 향해 말하고 있다(시 31:24). 이 표현은 "주를 두려워하는 자 … 주께 피하는 자"(시 31:19)와 "너희 모든 성도들"(시 31:23) 같은 이 시편 전체의 다른 표현을 축약한 것이다.

하나님을 기다린다는 것은 기다리는 자로서 우리의 정체성을 의도적으로 받아들이는 것을 의미한다. 그것은 "싫지만 기다려야 한다"에서 "기다림은 내가 해야 하는 일이다"로 생각을 전환하는 것을 의미한다. 혹은 한 단계 더 나아가서 "하나님을 기다리는 것은 내 정체성의 표현이다"라고 말하는 것이다.

그리스도인들은 기다린다.

오래전 달라스 윌라드(Dallas Willard)의 책 《마음의 혁신》(*Renovation of the Heart*)을 읽었던 기억이 난다. 당시 하나님의 은혜를 바라보는 나의 시각은 제한적이었다. 나는 구원이 주로 구원과 죄의 용서에만 적용되는 것으로 생각했다. 윌라드는 나의 시각을 넓혀 은혜가 하나님의 도우심과 능력을 필요로 하는 모든 영역에 적용된다는 점을 보도록 도와주었다. 그는 불경건한 사람들만 은혜가 필요한 것이 아니라 경건한 사람들도 은혜가 필요하다고 말했다.

> 가장 위대한 성도들은 은혜가 덜 필요한 사람들이 아니라 오히려 은혜를 가장 많이 소비하는 사람들, 은혜를 가장 많이 필요로 하는 사람들, 존재의 모든 차원에서 은혜로 충만한 사람들이다. 그들에게 은혜는 숨과도 같다.[37]

은혜를 호흡한다는 개념은 내 영혼과 내 삶의 성화 과정에 큰 도움이 되었다. 나는 이 개념이 기다림에도 도움이 된다고 생각한다.

기다림은 단순히 그리스도인들이 행하는 것이 아니다. 기다림은 우리의 정체성 자체다. 예수님을 따르는 자의 정체성은 바로 기다리는 자다. 다음 장에서 함께 기다리는 법을 살피면서 이 개념을 더 깊이 들여다볼 것이다. 일단 여기서는 기다림에 대한 우리의 생각과 접근법을 바꿔야 한다는 점을 이해하고 넘어가기를 바란다.

기다리기로 선택하라

기다림을 선택하고 받아들이려면 여러 종류의 기다림을 생각해 봐야 한다. 우리는 세 가지 방식으로 이런 의도적인 기다림을 선택할 수 있다.

반응하지 않고 대응하기

삶 속에서 공백들이 나타나면 무엇을 해야 할지 모른다. 의문이 풀리지 않고 문제 해결이 지체되면 여러 가지 시험이 닥친다. 내 경험상 대부분 이럴 때 기다림의 시간을 낭비하기 시작한다. 이런 순간 기다림을 허비하기 쉽다. 분명 당신도 이런 경험을 했을 것이다. 그래서 이 책을 읽고 있는지도 모른다.

이제 기다림의 기회를 받아들일 수 있게 되었기를 바란다. 현재 처한 상황을 거부하며 분노하기보다는 영적 변화의 기회로 받아들이기를 바란다. 분명하지 않거나 알 수 없는 것을 계속해서 곱씹기보다는 다음과 같은 사실을 기억하기를 바란다.

* 기다림은 정상적이고 힘들다. 기다림에 충격을 받지 말아야 한다.
* 하나님이 내 삶의 사건들과 타이밍을 통제하신다. 그래서 나는 쉴 수 있다.
* 지금 내가 하나님에 관해 아는 것이 많다. 그 진리들을 생각해야 한다.
* 이런 불확실성 속에서 나는 하나님을 의지하며 기도할 수밖에 없다. 이는 정말 좋은 일이다.
* 하나님의 능력에 의지할 수 있다. 하나님은 내가 기다리는 동안 도와주겠노라 약속하신다.

심지어 이 책을 쓰는 동안에도 내가 지체와 불확실성에 반응하는 방식이 변하는 것을 느꼈다. 나는 그런 상황에 점점 덜 충격을 받고 덜 짜증을 낸다. 오해하지는 말라. 기다림은 여전히 힘들다. 나는 무슨 일이 벌어지고 있는지 모르는 상황을 정말 싫어한다. 하지만 단순히 관점을 바꿔 기다림을 받아들이기로 선택하기만 해도 큰 도움이 된다는 점을 배웠다.

나는 반응하지 않고 대응하기로 선택하기 위해 노력한다.

미리 기다림의 시간을 준비하기

두 번째 방식은 기다림을 하나의 사건 이상으로 받아들이는 것이다. 시편 27편과 31편의 진리들을 적용하여 기다림을 그리스도인 삶의 중요한 일부로 받아들이는 것이다. 기다림이 제자의 길에 핵심적인 것이라면 기다림을 당연한 것으로 예상해야 한다. 기다림을 공부해야 한다. 기다림의 시간을 어떻게 준비할지 고려해야 한다.

고난을 준비해야 할 때는 고난당하기 전이라는 존 파이퍼의 말이 떠오른다. 제자의 길에는 고난의 신학이 포함되어야 하지만 고난의 한복판에서는 그 신학을 배우기가 힘들다. 기다림도 마찬가지다. 기다림의 신학을 배워야 할 때는 '공백의 땅'에서 살기 전이어야 한다.

어떻게 하면 기다림을 예상할 수 있을까? 그리스도인의 삶에서 기다림의 자리에 관한 관점이 바뀌기 시작한 뒤에는 한 걸음 더 나아가, 성경에서 기다림을 직접적으로나

간접적으로 언급한 모든 구절을 살펴보라. 부록4에 기다림에 관한 시편의 목록을 정리해 놓았다. 또 다른 단계는 평소에 하는 기도 목록에 기다림을 포함하는 것이다. "하나님, 오늘 기다림이 필요한 순간들이 올 줄로 확신합니다." 나는 평소에 하는 기도에 이런 짧은 문장을 덧붙였다. 불안감이 심할 때 이런 문장이 특히 중요하다. 나는 마음을 조용히 가라앉힌 뒤에 하나님의 성품을 상기시키는 구절들을 조용히 암송하고 묵상한다. 혹은 에베소서 6장의 영적 갑옷에 관해 기도하면서 하나님이 내게 주신 도구들을 기억한다. 기억하는가? 하나님을 기다리는 것은 단순히 그분을 바라보는 것이다. 나는 이 점을 기억하면서 "하나님, 당신을 기다립니다"라고 자주 기도한다. 몇몇 핵심 구절을 마음 깊이 새겨서 필요할 때 즉시 기억할 수 있도록 암송하면 좋다. 그 성경 구절을 천천히 묵상하면서 읊조리는 시간을 가지라. 마지막으로, 앤드류 머리 책의 내용들을 매일 묵상한 것이 내 시각을 바꾸는 데 큰 도움이 되었다. 그의 고전은 하나님을 기다리는 것의 가치를 깨닫게 해준다.

하나님을 기다리는 것은 명령이기 때문에 그리스도인의 정체성에 필수적이다. 그렇다면 그 명령에 매일 순종할 방법을 찾아야 한다. 평소에, 이왕이면 날마다 기다리는 습관을 기르면 더 길고 힘든 기다림의 시기를 준비할 수 있다.

기다림을 준비하는 시간을 가지라.

하나님을 기다리는 시간을 계획하기

의도적인 기다림을 위한 세 번째 방법은 계획이다. 이것은 기다림을 예상하는 것이 아니다. 그 주제는 앞서 다루었다. 이 단계는 하나님을 기다리는 것을 의사 결정 과정에 포함하는 것이다. 기다림이 실제로 결정이나 행동의 중요한 부분이기 때문이다.

우리는 기다림을 계획해야 한다.

이 단계는 보다 적극적인 접근법으로 나아가는 것이다. 기다림을 중시한다면 삶의 더 많은 측면에서 기다림을 실천할 수밖에 없다. 어떤 결정을 내리기 전에 며칠간 하나님을 기다리는 시간을 계획해 보라. 교회가 새로운 사업을 본격적으로 시작할 때마다 그 전에 기다림의 시간을 갖기로 정한다면 어떨까? 기다림을 과정이나 실행의 중요한 일부로 삼은 전략적 계획을 상상해 보라. 내 삶과 목회를 돌아보면 나는 하나님을 기다리는 시간을 의도적으로 추구하지 못했다. 그 시간은 방해나 지체, 난관에 대한 반응일 때가 많았다.

하지만 하나님을 기다리는 것이 중요하다면 그 시간을 위한 계획을 세워야 한다.

이 책을 쓰면서 나의 결정하는 방식이 바뀌는 것을 경험했다. 하나님을 기다리는 시간을 이해하고 소중히 여기면서 결정을 내리거나 이메일에 답장하고 심지어 의견을 제시하는 것을 전보다 천천히 하게 되었다. 불안이나 두려움 때문에 성급하게 결정하고 행동하지 않고 며칠간 하나님을 기다린 것이 얼마나 큰 도움이 되었는지 모른다. 기다리는 시간을 내는 것이 얼마나 큰 도움이 되었는지 놀랄 정도다. 내 마음을 하나님께 집중하고, 내 생각의 속도를 늦추고, 성경을 묵상하고, 문제에 관해서 하나님께 아뢰면 대개 놀랄 정도로 상황이 분명하게 눈에 들어온다. 설령 해법이 원하는 만큼 분명히 보이지 않을 때도 하나님을 기다리면 평안이 더 깊어졌다.

기다림에 관한 내 태도는 계속해서 변해 가고 있다.

그 유익은 믿을 수 없을 정도다!

때로는 내가 행동을 취하기 전에 하나님이 문제를 해결하거나 새로운 길을 보여 주셨다. 이사야서 64장 4절은 그런 역사를 이야기한다. "주 외에는 자기를 앙망하는 자를 위하여 이런 일을 행한 신을 옛부터 들은 자도 없고 귀로 들은 자도 없고 눈으로 본 자도 없었나이다." 우리가 하나님을 기다리는 동안 그분이 직접적으로 역사하시는 경우가 있다. 그래서 나는 성급하게 말하거나 행동하기 전에 먼저 하나님을 기다려야 한다.

나는 기다림을 계획한 결과, 하나님의 역사를 많이 경험했다.

30년도 더 전에 앤드류 머리의 다음 문장을 읽었다. 그런데 이 문장이 오늘날에는 또 다른 느낌으로 다가온다.

> (기다림을) 늘 의식하여 "종일 당신을 기다리겠습니다, 당신을 기다리겠습니다"라는 말이 저절로 나오게 하라. 이 말은 희생과 구별을 의미한다. 이것은 하나님을 자신의 모든 기쁨, 유일한 기쁨으로 보고 자신의 영혼을 그분께 온전히 드리는 것을 의미한다. 이렇게 하나님을 기다리는 것이 유일하게 참된 기독교로 인정된 적이 별로 없다. 하지만 오직 하나님만이 선과 기쁨과 사랑이라면, 우리의 가장 큰 복이 하나님을 최대한 얻는 데 있다면, 그리스도께서 전적으로 하나님을 위해 우리를 구속하여 그분의 임재 안에 늘 거하는 삶을 가능하게 하셨다면, "당

신을 기다리겠습니다"라는 이 복된 공기를 마시는 것만큼 우리를 만족시키는 것도 없다.[38]

나는 출애굽기 14장의 말씀으로 나를 격려해 주었던 성도의 장례식을 준비하면서 첫 교회의 담임목사 후보였던 당시에 쓴 일기를 돌아보았다. 하나님이 내 삶과 우리 교회에서 행하신 역사를 보니 놀랍기 그지없었다. 일기에는 매일 영적 교훈이 가득했다. 하지만 당시에는 쉽지 않았다. 하나님을 기다리는 시간은 힘들었다. 하지만 가치와 열매가 있었다는 점만큼은 분명하다. 지금 돌아보니 그 시기의 가치가 보인다. 기다림이 찾아오지 않았다면 나 스스로 하나님을 기다리기로 선택하지는 않았을 것이다. 하지만 기다림에 관해 배울수록 기다림의 영적 가치가 더 분명하게 눈에 들어오고, 의도적으로 기다림을 선택하는 일을 점점 더 적극적으로 실천하게 된다.

우리는 바른 방식으로 기다릴 뿐 아니라 바로 지금부터 기다려야 한다. 즉 의도적으로 기다려야 한다.

적극적으로 기다리는
이들을 위한 질문

1. 이 책을 읽으면서 기다림에 대한 시각이나 태도가 어떻게 변했는가?

2. 기다림을 명령과 정체성으로 바라보면 기다림을 낭비하지 않는 데 실질적으로 어떻게 도움이 될까?

3. 기다리기로 선택하기 위한 세 가지 방법을 돌아보라. 세 가지 중 무엇이 가장 힘들고, 그 이유는 무엇인가?

4. 지금 삶 속에 기다림을 계획하면 도움이 될 상황이 있는가?

5. 기다림을 준비하기 위한 한두 가지 실천적인 단계들을 찾아보라. 그 내용을 구체적으로 써 보고 친구나 소그룹 식구에게 나누라.

//////////

6.
함께

_____ 기다립니다

: 기다림은 공동체적이다

○

> 그가 고난받으신 후에 또한 그들에게
> 확실한 많은 증거로 친히 살아 계심을 나타내사
> 사십 일 동안 그들에게 보이시며 하나님 나라의
> 일을 말씀하시니라 사도와 함께 모이사
> 그들에게 분부하여 이르시되
> 예루살렘을 떠나지 말고 내게서 들은 바
> 아버지께서 약속하신 것을 기다리라(행 1:3-4).

모든 그리스도인은 기다리고 있다.

우리는 개인적인 시각에서 이 현실을 바라본다. 보통 개인적인 경험을 떠올린다. 아마 그래서 이 책을 읽고 있을 것이다. 인생에서 그토록 원하지만 지체되고 있는 것이 있는가? 고통스러운 상황이 조속히 해결되기를 간절히 원하지만 여전히 긴장 속에서 살고 있는가? 아무쪼록 이전 장들을 읽으면서 기다림에 관해 다른 태도를 품고 더 나은 전략을 실행하게 되었기를 바란다.

이런 개인적인 시각은 좋은 출발점이다. 내 여행도 그렇게 시작되었다. 나는 하나님을 기다린다는 개념에 관해 더 깊이 이해하기를 간절히 원했다. 그래서 이 책을 쓰게 되었고, 각 장을 쓰는 동안 이러한 성경적 행위에 대한 이해가 깊어졌다. 하나님을 기다리는 것이 내 영적 성장에 필수라는 확신이 전에 없이 강해졌다. 이 책을 읽는 당신도 자신의 삶에서 같은 결론을 내리기 시작했으리라 믿는다.

공동의 비전

하지만 이번 책을 위해 연구하던 중, 내가 충분히 넓게 생각하지 않고 있다는 사실을 깨달았다. 기다림의 여행을 처음 시작할 때는 고려하지 못했던 것을 발견했다. 바로 그리스도인들이 하나님을 함께 기다린다는 사실이다. 기다림에는 공동체적인 측면이 있다. 우리가 깨닫든 깨닫지 못하든 우리는 모두 하나님을 기다리고 있다. 어떤 면에서 모든 그리스도인은 같은 자세를 취하고 있다. 상황이나 정도는 다를지 몰라도 현재 모든 그리스도인은 '공백의 땅'에 살고 있다. 하나님을 기다리는 것은 교회 전체의 경험이며,

교회는 그 경험을 통해 변화된다. 그래서 우리가 기다리는 동안 서로를 도울 기회가 많다. 앤드류 머리는 다음과 같은 글로 이 비전에 불을 붙였다.

> 오! 교인들이 각자 하나님을 기다리며 사는 법을 배우고, 사랑의 불 앞에 자기 자신과 세상을 태우고 서로 연합하여, 영광스럽게 이루어졌지만 아직 완성되지 않은 하나님의 약속을 함께 기다릴 때 교회가 하지 못할 일이 무엇이 있겠는가.[39]

하나님께서 우리를 다른 이들과 함께 기다림을 추구하고 그 기다림을 그리스도 몸의 일상적 삶으로 통합하도록 초대하신다는 사실을 깨닫지 못하면 우리는 기다림을 낭비하는 것이다. 이번 장에서는 이 공동체적인 비전을 탐구하고 몇몇 익숙한 영역에서 공동체적인 시각을 적용할 방안을 모색할 것이다.

우리는 함께 하나님을 기다려야 한다.

교회는 기다리면서 시작되었다

교회의 탄생에서 시작해 보자.

예수님이 부활하신 후 제자들에게 가장 먼저 명령하신 것 중 하나는 기다리라는 것이었다. 이 단순한 진리와 그 중요성을 놓치기 쉽다. 하지만 바로 이 배경에서 교회가 시작되고 성령의 임재가 나타났다. 사도행전 1장 3-5절에서 누가는 예수님의 이런 지시를 기록하고 있다.

> ° 그가 고난받으신 후에 또한 그들에게 확실한
> 많은 증거로 친히 살아 계심을 나타내사
> 사십 일 동안 그들에게 보이시며
> 하나님 나라의 일을 말씀하시니라
> 사도와 함께 모이사 그들에게 분부하여 이르시되
> 예루살렘을 떠나지 말고 내게서 들은 바
> 아버지께서 약속하신 것을 기다리라
> 요한은 물로 세례를 베풀었으나
> 너희는 몇 날이 못 되어 성령으로 세례를 받으리라
> 하셨느니라 (행 1:3-5).

예수님이 제자들에게 기다리라고 명령하셨다는 점에 주목하라. 제자들이 당시 느꼈을 긴장감을 상상할 수 있겠는가? 그들은 로마나 유대인 지도자들이 자신들을 찾고 있을지 모른다는 생각에 잔뜩 긴장했을 것이다. 그런데 부활하신 메시아가 처음으로 명령하신 것 중 하나는 위험을 피해 도망치지 말고 기다리라는 것이었다. 제자들은 분명 이 지시를 달가워하지 않았을 것이다. 그들은 하나님의 계획에서 다음 단계가 무엇인지를 물었기 때문이다. 하지만 예수님은 답변의 방향을 바꿔 그들이 앞으로 맡을 역할을 알려 주셨다.

> ⁰ 이르시되 때와 시기는 아버지께서
> 자기의 권한에 두셨으니 너희가 알 바 아니요
> 오직 성령이 너희에게 임하시면 너희가 권능을 받고
> 예루살렘과 온 유대와 사마리아와 땅 끝까지 이르러
> 내 증인이 되리라 하시니라 (행 1:7-8).

이 두 구절을 생각해 보라. 불확실성과 긴장과 기다림 속에서 교회가 시작되었다. 40일 후 제자들이 함께 기다리는 자리에서 성령이 불길과 함께 그들의 머리에 임하셨다.

그러자 그들은 다른 언어들로 말하기 시작했다(행 2:4). 베드로가 유명한 설교를 전하자 3천 명이 회심했다(행 2:41). 이 이야기는 익히 알고 있을 것이다. 이것은 교회의 놀라운 시작에 관한 이야기다.

하지만 이 이야기 속에는 기다림도 많았다.

교회의 사명에 대해 이렇게 생각하는 그리스도인이 과연 얼마나 될까? 마태복음 28장에서 지상대명령을 읽어 보면 행동 지향적으로 들린다. "너희는 가서 … 제자로 삼아 … 세례를 베풀고 … 가르쳐 지키게 하라"(마 28:19-20). 하지만 이 선교 활동에는 하나님에 대한 기다림도 많이 포함되어 있다. 실질적으로 선교는 기다리고 나아가고 기다리고 나아가기를 반복하는 일이다.

하나님을 기다리는 것이 하나님의 선교에 필수적이다.

기다림은 교회가 탄생한 방식이다!

교회는 계속해서 기다렸다

초대교회에서는 기적적인 능력과 큰 열매가 나타났다. 사도행전을 읽어 보면 반대를 무릅쓰고 행동하고 전진하는 장면들을 볼 수 있다. 하지만 중요한 기다림의 순간들을 놓치면 안 된다. 몇 가지 예를 들어보자.

- 베드로와 요한이 체포된 후 종교 지도자들에게 위협을 받을 때 교회는 함께 기다리며 지혜와 보호하심과 능력 주심을 구했다(행 4:23-31).

- 예수님은 다메섹 도상에서 사울에게 나타나 이렇게 말씀하셨다. "너는 일어나 시내로 들어가라 네가 행할 것을 네게 이를 자가 있느니라." 사울은 아나니아가 찾아와 시력이 회복될 때까지 사흘을 기다렸다(행 9:6-19).

- 헤롯이 유월절 기간에 베드로를 투옥시켰을 때 교회는 하나님께 간절히 기도하며 기다렸고, 베드로가 기적적으로 풀려난 뒤에 가장 먼저 간 곳은 그 교회였다(행 12:1-19).

- 바울과 실라는 빌립보의 감옥에 갇혀 있는 동안 하나님의 기적적인 구원을 기다리면서 감옥을 예배의 장소로 바꾸었다(행 16:16-34).

우리는 초대교회에서 일어난 많은 기적이 하나님을 기다릴 때 나타났다는 점에서 배워야 한다. 우리는 복음 전도를 위한 활동에만 초점을 맞추는 경향이 있지만 긴장으로 가득한 공백이라는 배경도 기억해야만 한다. 불확실성의 한복판에서 하나님을 찾는 것은 하나님의 부르심을 받아들인 모든 사람에게 익숙한 경험이다.

기독교의 전경과 교회의 활동을 보면 기다림을 강조하는 모습을 찾아보기 힘들다. 행동과 운동, 성장, 확장에 주로 초점이 맞추어져 있다. 오해하지는 말라. 나는 지상대명령과 복음 전도를 더없이 중시한다. 하나님의 나라가 확장되고 사람들의 마음이 변화되는 모습을 보면 그렇게 기쁠 수가 없다. 하지만 각 성도가 잘 기다리지 못하는 것은 교회의 일상적인 삶에서 기다림을 보지 못했기 때문이 아닐까 싶다.

기다림은 그리스도인들에게만 필수적인 것이 아니다. 기다림은 모든 세대의 모든 교회에 반드시 필요한 것이다.

교회는 여전히 기다리고 있다

"주 예수여 오시옵소서!"

이 말씀은 요한계시록 마지막 두 구절의 일부다. 이 말은 성경의 마지막 책을 유심히 읽는 자들이 얻게 되는 열정을 담고 있다. 22개 장의 모든 내용은 예수 그리스도의 재림을 향한 갈망을 낳기 위한 것이다. 요한계시록은 그리스도인들이 "반드시 속히 일어날 일들"(계 1:1)을 이해하고 고난의 시기를 인내로 지나도록 돕기 위해 쓰였다.

낸시 거스리(Nancy Guthrie)가 쓴 *Blessed: Experiencing the Promise of the Book of Revelation*(복된 자: 요한계시록의 약속을 경험하기)에는 성경의 마지막 책인 요한계시록의 중심에 기다림이 있다는 점을 강조한다. "요한계시록은 그리스도의 나라가 온전히 오기를 기다리는 동안 환난을 인내로 견디라는 부름이다."[40] 다시 말해, 성경의 마지막 책은 단순히 미래의 사건들에 관한 책이 아니다. 요한계시록은 하나님의 백성이 함께 기다리도록 도와준다.

신약 전체에서 성경 기자들은 인내뿐 아니라 경건을 권장하기 위해 이 기다림의 주제를 계속해서 사용한다. 기다림을 성경적으로 이해하면 공동체 전체가 영적으로 성장할 수 있다. 베드로는 두 번째 서신서에서 이 점을 설명하고 있다.

> ° 이 모든 것이 이렇게 풀어지리니
> 너희가 어떠한 사람이 되어야 마땅하냐
> 거룩한 행실과 경건함으로 하나님의 날이 임하기를
> 바라보고 간절히 사모하라
> 그날에 하늘이 불에 타서 풀어지고
> 물질이 뜨거운 불에 녹아지려니와
> 우리는 그의 약속대로 의가 있는 곳인
> 새 하늘과 새 땅을 바라보도다(기다리도다)(벧후 3:11-13).

베드로의 말을 이해할 수 있는가? 그리스도인들이 기다림에 대한 성경적 관점을 올바로 받아들이면 영적으로 성숙하고 경건해진다. 이 관점은 우리가 이 세상의 나라를 위해 살도록 창조되지 않았다는 사실을 상기시켜 준다. 우리는 다른 나라를 기다리고 있다. 우리는 당장의 만족이 아니라 오실 왕의 인정을 위해 살아야 한다. 미래의 심판이 기다리고 있기 때문에 우리는 복수하거나 원한을 품지 말아야 한다. 우리는 자기 힘의 한계를 깨닫고 하나님의 도우심을 구해야 한다. 기다림에 대한 성경적 관점을 품으면 그렇게 할 수 있다.

문제는 우리가 이 관점을 자주 망각한다는 것이다. 그래서 우리에게는 다른 사람의 도움이 필요하다. 목사로서 나의 생존 전략 중 하나는 함께 목회하는 한 친구와 자주 전화 통화를 하는 것이다. 그에게 힘든 일을 털어놓고 조언을 구하면 큰 도움이 된다. 목회의 어려움을 이해해 주는 누군가가 있는 것만으로도 큰 힘이 된다.

한번은 크게 낙심한 적이 있다. 통화 중에 친구는 나의 지친 기색을 감지하고서 내게 복음을 상기시키고 이렇게 대화를 마무리했다. "형제여, 오래 걸리지 않을 걸세." 인생에서 가장 중요한 진리와 함께 미래에 관한 격려의 말을 들으니 이상하게 힘이 솟았다. 친구는 내가 믿는 것(하나님에 관해 아는 것)을 상기시키고, 내 삶을 바라보는 시각을 바로잡아 주었다. 그는 '기다림'이라는 단어를 사용하지 않았지만 분명 그 기다림을 생각하고 있었다. 그의 말은 앤드류 머리의 다음 말을 떠올리게 한다.

> 서로가 자기 자신만이 아니라 자신의 형제들에 대해 "우리는 그분을 기다렸다. 우리는 그분의 구원을 기뻐하게

될 것이다"라고 말할 수 있도록 기다림이라는 거룩한 행위 속에서 서로의 기운을 돋우고 서로를 격려하라.[41]

우리는 아직 기다리는 중이라는 사실을 서로에게 상기시켜 주어야 한다. 기다리는 동안 서로를 격려해 주어야 한다.

서로 잘 기다리도록 돕는 네 가지 방법

기다리는 사람은 우리만이 아니다. 따라서 기다림의 힘든 시기에 서로를 어떻게 도울지를 고민해야 한다. 지체되는 시간이 길어지면 낙심하고 지치기 쉽다. 하지만 함께 기다리면 왠지 모르게 힘이 난다. 어떻게 하면 기다림 속에서 서로를 격려할 수 있을까?

예배와 가르침으로 준비시키다

이전 장에서 말했듯이 기다림에 관한 성경적 시각을 길러야 할 시간은 기다림이 시작되기 전이다. 기다림으로 이어질 상황을 개인적으로 예상하고 준비해야 한다. 하지만 이와 관련해서 나는 훨씬 더 광범위한 뭔가를 염두에 두고 있다.

그리스도인의 삶에서 기다림이 매우 중요하기 때문에 공동체로서 기다림에 관해 많이 생각하고 대화하는 것이 옳다. 예배와 가르침, 상담, 제자 훈련 과정에서 이 주제가 자주 나오면 서로가 더 효과적으로 기다리도록 도울 수 있다.

주일 아침 예배 시간은 우리가 아직 기다리는 중이라는 사실을 매주 기억하는 시간이 될 수 있다. 이 주제를 중심으로 예배의 부름을 구성할 수도 있다. 예배 순서에 침묵의 시간을 마련하여 의도적인 기다림의 연습을 하면 좋다. 그런 식으로 예배 시간에 우리가 여전히 함께 기다리고 있다는 사실을 기억할 수 있다.

우리 교회에서 하나님을 기다리는 것에 관해 가르치면서 교인들이 기다림을 생소하게 여기고 그 필요성을 느끼지 못한다는 사실에 깜짝 놀랐다. 교인들이 고난과 비극을 잘 감당하도록 준비시키는 일에서는 교회들이 대체로 잘하고 있는 것으로 보인다. 하지만 기다림의 신학을 발전시키고 가르치는 일에는 충분한 시간을 투자하고 있지 않은 것 같다.

기다림에 관한 상담과 제자 훈련도 필요하다. 사람들이 불확실하고 실망스럽고 지체되는 상황을 잘 헤쳐 나가도록 돕는 것은 영적 성장의 중요한 부분이다. 때로 분노와 불안은 더 깊은 문제의 '증상'일 뿐이다.

좌절감을 버리려면 하나님을 기다리는 습관을 가져야 한다.

우리가 제자 훈련에서 이 주제를 적절히 강조했는지 의심스럽다. 영적 성장을 위한 과정에 기다리는 법을 배우는 것이 반드시 포함되어야 한다. 나아가 리더십 훈련에서도 기다림이 중요하다. 30년간 목회를 하고 나서 보니 젊은 리더들은 대개 빠른 진전과 결과를 기대한다. 속도를 추구하는 세상의 문화가 교회 안까지 파고들었다. 기다림은 꼭 필요하지만 생소한 주제이기 때문에 나는 리더들을 훈련시킬 때 꼭 이 주제에 관해 토론한다. 바울이 디모데에게 마지막으로 전한 말을 기억하라. "범사에 **오래 참음**과 가르침으로 경책하며 경계하며 권하라"(딤후 4:2).

하나님을 기다리는 것은 그리스도인의 삶에 핵심적이기 때문에 중시해야 한다. 우리는 서로 기다림을 준비하도록 도와야 한다.

긍휼로 서로를 돌보다

다른 사람들이 잘 기다리도록 돕기 위해 고려해야 할 두 번째 사항은 긍휼의 자세다. 나는 당연하지만 중요한 전제를 가지고 이 책을 시작했다. 기다림은 힘들다는 사실이다. 개인적으로 기다림을 낭비하지 않는 것이 좋은 출발점이긴 하지만, 서로를 돌볼 때도 이 점을 고려해야 한다.

"소망이 더디 이루어지면 그것이 마음을 상하게 하거니와"(잠 13:12). 여기서 솔로몬은 이루어지지 않은 갈망과 극심한 실망으로 상한 마음을 이야기한다. 기다림은 몹시 힘들 수 있다. 하지만 주변 사람들이 전혀 신경써 주지 않으면 더더욱 고통스럽다. 이것이 잠언의 지혜가 중요한 이유다. 기다림은 단순히 힘들기만 한 것이 아니다. 기다림은 우리의 마음을 상하게 만들 수 있다.

서로를 돌보기 위해 사소하지만 중요한 단계 중 하나는 단순히 기다림이 정말 힘들다는 사실을 인정해 주는 것이다. 원하는 것이 금방 이루어지지 않고 지체되면 외로움, 고립감, 수치심, 불안감이 찾아올 수 있다. 때로 내적 고통은 영적 의심이나 혼란을 낳는다. 왜 이토록 힘든가? 왜 나는 그냥 만족하지 못하는가? 왜 하나님은 내 기도에 응답하시지 않는가? 이럴 때 공동체는 중요한 역할을 한다. 공동체가 우리를 돌봐 줄 수 있다.

긍휼은 여러 방식으로 표현될 수 있다. 단순히 어려움과 고통을 인정해 주는 것도 긍휼의 표현이다. 오랫동안 기다려 온 친구가 잘 있는지 전화로 혹은 직접 찾아가 안부를 묻는 것도 긍휼이다. 상대방이 이 시기를 어떻게 지내고 있는지 혹은 무엇을 배우고 있는지 묻고 대화를 나누라. 식사나 잔디 깎기, 아이들 돌보기 같은 구체적인 필요를 채워 주면서 상대방을 위로하고 긍휼을 보여 줄 수 있다. 우리는 사람들이 인생의 큰 위기를 겪고 있을 때만 이런 사랑의 표현을 고려하는 경향이 있다. 하지만 기다림은 그 어떤 위기 못지않게 고통스러울 수 있다. 친절의 행위를 겸한 긍휼의 자세는 서로가 기다림이라는 고통스러운 강을 잘 건너도록 도울 수 있는 한 방법이다.

딜런(Dylan)과 멜로디(Melody)는 기다림이라는 고통스러운 여행을 누구보다 잘 아는 사람들이다. 아울러 이들 부부는 공동체가 보여 주는 긍휼의 힘도 잘 알고 있다. 수년 전 그들은 위탁부모가 되라는 하나님의 부르심을 받아들였고, 댈러스(Dallas)라는 귀한 아이가 그들의 집에 오게 되었다. 댈러스는 비극적인 사연을 지닌, 겨우 생후 16개월 된 아기였다. 딜런 부부는 그 아이를 돕기로 마음을 먹었다. 처음에는 잠시 아이를 맡을 생각이었지만 결국 입양을 고려하게 되었다. 하지만 아이를 입양해서 키우는 데 따르는 감정적·육체적 어려움은 보통 큰 것이 아니었다. 게다가 댈러스를 보호해 주어야 할 제도가 여러 번 딜런 부부를 실망시켰다. 딜런 부부는 댈러스를 집으로 데리고 올 수 있다는 희망을 품고서 위험과 고통과 불확실성을 감수했다. 하지만 몇 개월이면 충분할 과정이 몇 년간 지지부진하게 이어졌다.

그들의 기다림은 고통스러웠다.

그런데 한 병원의 마음씨 좋은 간호사가 딜런 부부의 고통을 보고서 자신이 다니는 교회의 섬김 사역을 소개해 주었다. 이 사역에 참여하는 다섯 부부는 주중에 식사와 기도, 육아로 딜런 부부를 섬겨 주었다. 이것이 바로 긍휼의 행위다. 그들의 섬김 덕분에 딜런 부부는 댈러스를 돌보고 제도의 문제점을 헤쳐 나가는 고통스러운 과정을 견뎌 낼 수 있었다. 딜런 부부는 그 시기를 회상하며 이렇게 말했다. "기다림은 정말 힘들다. 믿음이 흔들리고 의심이 몰려올 때 공동체의 친절한 돌봄 덕분에 하나님이 우리와 함께 하신다는 사실을 기억할 수 있었다. 그 공동체는 기꺼이 고생을 무릅쓰고 우리의 기다림 속으로 들어와 함께 기다려

주었다."

 2년간 여러 번 법원 심리를 거친 끝에 마침내 댈러스의 입양이 승인되었다. 최종 승인 때 딜런과 멜로디 부부를 도왔던 사람들이 법정을 가득 메웠다. 가족과 친구들, 돌봄의 공동체가 함께 모여 축하했다. 오랜 기다림의 여행이 끝이 났다. 하지만 그들의 이야기는 계속되고 있다. 멜로디가 자신의 교회에서 입양 가족을 돕는 돌봄 공동체를 만들었기 때문이다. 벌써 교인 25명이 아파하는 사람들을 도울 기회를 받아들였다. 점점 더 많은 사람이 이 비전을 받아들이면서 이 사역은 계속해서 성장할 것이다.

 딜런과 멜로디는 긍휼의 마음으로 사람들을 돌보는 것이 그들의 기다림을 돕는 중요한 방법 가운데 하나라는 사실을 직접 경험해서 안다.

함께 기도하다

 성경적 기다림과 기도는 깊이 연결되어 있다. 시편에서 하나님에 대한 기다림을 언급하는 구절은 대부분 기도나 하나님의 도우심을 구하는 자세를 촉구하는 내용과 관련이 있다. 기다림은 아무것도 하지 않는 것이 아니다. 기다림은 하나님이 어떤 분이신지에 관한 진리로 마음을 향하는 것이다. 예레미야애가 3장 25절은 이렇게 말한다. "기다리는 자들에게나 구하는 영혼들에게 여호와는 선하시도다." 이 구절에서 구체적으로 기도를 언급하지는 않지만 하나님의 도우심을 구하려면 기도가 필수적이다.

함께 기도할 때 기도와 기다림 사이의 관계를 더욱 분명하게 보여 주는 것이야말로 우리가 서로 잘 기다리도록 돕는 방법 중 하나이다. 기다림 중에 있는 사람들을 위해 하나님의 도우심을 구하는 시간을 가지면 교인들이 잘 기다리도록 도울 수 있다.

지난 15년 동안 우리 교회는 한 달에 한 번씩 주일 저녁에 기도회를 열었다. 참석 인원은 많지 않지만 덕분에 하나님의 도우심을 구하는 리듬을 확립할 수 있었다. 기도회 중에 교인들이 어려운 일을 알리면 소그룹 식구들이 기도하는 시간을 가진다. 구체적인 상황은 다 다르지만 건강 문제나 자녀 문제, 직업적 기회, 임신, 의미 있는 관계에 대한 기다림이 주를 이룬다. 교인들이 힘든 사람을 둘러싸서 기도하면 그 기도가 인내를 위한 연료가 된다. 우리는 하나님의 놀라운 기도 응답을 보았을 뿐 아니라 이 단순한 사역이 기다리는 사람들의 믿음을 크게 성장시키는 모습에 놀라지 않을 수 없었다.

기도와 기다림은 깊이 연결되어 있기 때문에 중보기도의 시간을 가지면 서로가 잘 기다리도록 도울 수 있다.

성경적 격려를 하다

서로가 잘 기다리도록 도울 수 있는 마지막 방법은 성경적 격려를 하는 것이다. 기다림은 힘들기 때문에 거짓 이야기가 우리 생각을 지배하게 허용하기 쉽다. 우리 삶에 관한 거짓에 시선을 고정하고, 하나님에 관한 진리를 기억하지 못하게 될 수 있다. 이 부분에서 그리스도인의 공동체가 중요한 역할을 한다. 히브리서 기자는 기다림이 점점 더 힘들어질 때 교회 안에서 서로 격려하라고 명령한다.

> 또 약속하신 이는 미쁘시니 우리가 믿는 도리의 소망을 움직이지 말며 굳게 잡고 서로 돌아보아 사랑과 선행을 격려하며 모이기를 폐하는 어떤 사람들의 습관과 같이 하지 말고 오직 권하여 그날이 가까움을 볼수록 더욱 그리하자(히 10:23-25).

이런 종류의 격려는 찬양, 설교, 성경 공부, 상담, 제자훈련을 위한 대화에서 표현될 수 있다. 그리스도의 몸은 우리에게 하나님이 어떤 분이시며 왜 그분을 믿을 수 있는지를 상기시키는 데 중요한 역할을 한다. 가만히 두면 우리는 이내 기다림을 헛된 것이라고 보기 시작하니 그렇게 되지 않도록 주기적이고도 꾸준히 격려해야 한다.

나는 이러한 격려의 힘을 개인적으로 경험했다. 교인들과 함께 예배하는 시간이 절실히 필요한 때가 많았다. 그들의 찬양이 내 결심을 강하게 해주고 내가 믿는 것을 기억나게 해주었기 때문이다. 회중예배 시간에 다른 교인들의 확신을 보면 내 믿음도 함께 치솟는다. '맞아! 이것이 사실이야! 하나님을 믿을 수 있어'라고 생각하게 된다. 하나님의 백성과 함께 예배하는 시간이 나의 기다림에 도움이 되었던 때가 셀 수 없이 많다. 단순히 내 신앙의 핵심을 기억하기만 해도 다시 한 주간 하나님을 기다릴 힘이 솟아났다.

이 책에서 나의 바람 중 하나는 당신이 하나님을 기다리는 법을 배울 뿐 아니라 남들을 격려하는 사람이 되는 것이다. "하나님은 …이시다"라는 고백이나 특정한 구절로 누군가를 격려해 주라. 하나님이 기다리는 사람들을 돕는 사역을 위해 당신을 준비시키고 계실지도 모른다. 리더의 자리에 있는가? 혹은 영적 영향력을 발휘할 수 있는 위치에 있는가? 그 자리나 위치를 사용하여 힘든 기다림의 시기를 지나는 사람들을 도우라.

우리는 모두 기다리고 있으며, 서로가 필요하다.

지치지 않고 함께 하나님을 기다리다

이번 장을 쓰면서 뜻밖의 사실들을 깨달았다. 첫째, 그 전까지만 해도 나는 기다림을 공동체적인 시각에서 생각해 본 적이 없었다. 그런데 이번 장을 쓰면서 하나님을 기다리는 것이 교회의 삶과 너무 밀접하게 연결되어 있다는 사실을 알고서 놀랐다. 둘째, 서로가 잘 기다리도록 돕는 것이 얼마나 어려운지를 깨달았다. 그전까지는 다른 이들이 하나님을 잘 기다리도록 돕기 위한 전략을 깊이 고민해 본 적이 없는 것 같다. 그래서 오히려 당신이 다른 적용 방법들을 생각해 낼 수 있다고 확신한다. 기다리는 사람들을 돕기 위한 당신만의 창의적인 방법을 찾아보기 바란다.

방식과 정도는 달라도 모든 그리스도인이 기다리고 있다.

우리 모두 앤드류 머리의 다음 기도에 나타난 마음가짐과 자세를 품으면 좋겠다. 이 기도를 당신의 기도로 삼기를 바란다. 나도 이 기도를 내 기도로 삼고 싶다.

> 복되신 아버지, 겸손히 간구합니다. 하나님을 기다리는 사람은 그 누구도 수치를 당하지 않게 해주십시오. 어떤 이들은 기다림의 시간이 길어서 지쳐 있습니다. 어떤 이들은 약하고 기다리는 법을 잘 알지 못합니다. 어떤 이들은 기도와 일에 너무 바빠 기다릴 시간이 없다고 생각합니다. 아버지, 저희에게 기다리는 법을 가르쳐 주십시오. 서로를 생각하고 서로를 위해 기도하는 법을 가르쳐 주십시오. 모든 기다리는 자들의 하나님이신 당신을 생각하는 법을 가르쳐 주십시오. 아버지, 당신을 기다리는 사람은 누구도 수치를 당하지 않게 해주십시오. 예수님의 이름으로 기도합니다. 아멘.[42]

함께 기다리는
이들을 위한 질문

1. 이번 장을 읽기 전에는 기다림의 공동체적 성격에 관해 어떻게 생각했는가? 무엇이 그런 시각에 영향을 미쳤다고 생각하는가?

2. 교회의 탄생 과정에서 나타난 기다림과 교회의 선교에서 기다림의 중요성에 관해 생각하는 것이 왜 중요한가?

3. 서로가 잘 기다리도록 돕기 위한 네 가지 방법 중에서 개인적으로나 섬기는 공동체에 가장 중요한 것은 무엇인가? 개인적인 삶이나 공동체에 가장 잘 적용할 수 있는 것은 무엇인가?

4. 서로를 도울 수 있는 다른 방법들에는 무엇이 있는가?

에필로그

인생의 공백들, 하나님으로 채우다

짐작했을지 모르지만 나는 해돋이를 좋아한다.

그렇다고 일몰이 별로라는 말은 아니다. 오렌지색 태양이 바다 속으로 사라지면서 하늘이 서서히 컴컴해지는 광경도 정말 아름답다. 가족, 친구들과 함께 담요 위에 앉아서 일몰을 구경했던 추억이 많다. 그래도 나는 해돋이가 더 좋다. 알다시피 내 성은 브로갑(문자적으로 '일찍'이라는 뜻)이니까 말이다. 태양이 새벽안개를 뚫거나 산 위로 떠오르며 새로운 하루의 출발을 알리는 광경을 나는 정말 좋아한다. 첫 광선에는 뭔가 새롭고 희망적인 느낌이 있다. 조용한 아침, 커피 한 잔, 잔디 앞의 의자, 아침 햇살로 반짝이는 하늘보다 더 기분 좋은 것도 드물다.

오래전 새해에 그랜드캐니언 위로 떠오르는 해를 보고 싶었다. 애리조나주에서 크리스마스 휴가를 보내던 중에 우리는 그랜드캐니언의 사우스 림(South Rim)으로 가서 새해 전날 밤에 묵을 호텔을 예약했다. 나는 아침에 이 숨 막히도록 아름다운 광경을 보기 위해 몇 시쯤 호텔을 나서서 어디로 갈지 계획을 세웠다. 밤새 보기 드문 겨울 폭풍이 불어 그 지역에 눈이 수북이 쌓였다. 덕분에 아름다운 풍경이 더욱 놀랍게 변했다. 어서 아침이 왔으면 하는 마음이었다.

아직 어두컴컴하고 밤새 내린 눈이 여전히 쌓여 있는 가운데 우리는 해가 뜨기 30분 전 해돋이 명소로 갔다. 몇몇 사진 전문가들 외에는 우리가 유일한 여행객이었다. 우리는 최적의 장소를 차지하고서 함께 기다렸다. 그보다 더 행복할 수는 없었다.

하지만 평온한 순간은 오래가지 않았다.

우리 뒤에서 관광버스 여러 대의 문이 열리는 소리가 들렸다. 우리의 특별한 장소는 순식간에 수백 명으로 북적거렸다. 많은 인파가 우리 시야를 가렸고, 어느 무례한 사진 전문가는 내 아내를 밀쳤다. 어린 딸은 신발이 눈에 젖자 발가락이 얼어붙는다고 투덜거리기 시작했다. 딸아이는 "차에 가면 안 돼요?"라고 사정했다. 딸아이가 덜덜 떨기 시작하자 아내가 말했다. "여보, 미안하지만 애를 데려가서 몸을 따뜻하게 해야겠어요. 당신은 여기 있어도 돼요."

가족과 함께 해돋이를 보겠다는 꿈은 산산조각이 났다.

그랜드캐니언 위로 떠오르는 해를 기다리는 동안 내 안이 부글거렸다. 내 꿈이 이루어지지 않은 것에 대한 실망감으로 요동치고 있었다. 몰려든 사람들과 신발을 잘못 고른 딸에 대한 짜증, 더 완벽한 계획을 세우지 못한 것에 대한 후회 등이 물밀듯 몰려왔다. 그랜드캐니언에서의 내 기대는 충족되지 못했다. 차로 달려가 아내와 딸에게 다시 나오라고 할까 고민했다.

하지만 어느새 태양은 떠오르기 시작했다. 결국 나는 기다리기로 결심했다.

아침 햇살이 그랜드캐니언을 가득 채우는 순간은 실로 장관이었다. 노란색과 붉은색과 오렌지색의 빛이 사우스 림의 깊은 벽들을 비추니 겨울 안개는 순식간에 사라졌다. 햇빛이 점점 더 깊이 파고들면서 몇 분마다 그랜드캐니언의 색이 바뀌었다. 숨이 막히도록 아름다웠다. 하나님의 창조적인 영광을 담은 광경을 보노라니 절로 예배하는 마음이 우러나왔다. 실로 놀라운 경험이었다.

하지만 하마터면 기다림의 낭비로 이 경험을 놓칠 뻔했다.

이 책을 쓰면서 하나님을 기다리는 것에 관한 비유로 그때 그랜드캐니언에서의 순간을 자주 생각했다. 나의 갈망이나 기대, 계획, 꿈에 집중한 나머지 아름다운 순간을 놓칠 뻔했던 상황이 수없이 생각난다. 실망감이나 좌절감에 내 기쁨을 빼앗긴 적이 한두 번이 아니다. 내 앞에서 영광스러운 기회가 솟아오는 순간에 삶에서 이루어지지 않는 것이나 모르는 것만을 생각할 때가 많았다. 기대가 충족되지 않을 때 우리는 아름다운 해돋이를 놓칠 수 있다.

인생은 계획에 없는 공백의 순간으로 가득하며, 그런 순간을 헛되게 보내기 쉽다.

기다림을 구속하다

이 책의 목표는 우리가 '자신의 삶에 관해 모를 때 하나님에 관해 아는 진리에 따라' 사는 법을 배움으로써 하나님을 잘 기다리게 되는 것이었다. 여기서 내가 '당신'을 '우리'로 바꾸었다는 것을 눈치챘는가? 이것은 일부러 그런 것이다. 나와 당신을 둘 다 염두에 두고서 이 책을 썼기 때문이다. 기다림을 낭비하지 않기 위한 이 여행에 나도 동참하고 있다는 것을 당신이 느꼈기를 바란다. 이 책을 위한 나의 비전은 내 삶에 부족함을 절감하는 한 가지 중요한 성경적 개념을 다시 마음에 새기는 것이었다. 당신도 같은 것을 느꼈기 때문에 이 책을 읽기로 마음먹었을 수도 있다. 아니면 긴장으로 가득한 '공백의 땅'을 헤쳐 나가는 법을 반드시 배워야 한다는 절박감에 이 책을 펼쳤을 수도 있다. 어떤 경우든 하나님을 기다리는 것이 무슨 의미인지를 탐구하기로 결심해 줘서 감사하다. 이 책의 신리들을 계속해서 배우고 적용하기를 바란다. 나는 내 여행을 이제 겨우 시작한 느낌이다. 내 성은 여전히 '일찍'을 의미하고, 나의 행동 지향적인 성향은 줄어들지 않았다. 내 성격과 성향은 여전하다. 나는 여전히 같은 유혹들에 시달린다. 당신도 마찬가지일 것이다. 아마도 이 책이 당신이나 당신의 환경을 근본적으로 바꿔 놓지는 못했을 것이다.

하지만 나는 기다림을 전보다 덜 낭비하고 있다.

내가 기다림에 대해 가졌던 부정적 태도가 녹아내리기 시작했다. 그렇다고 내가 기다림을 좋아하게 되었다는 뜻은 아니다. 내 평생에 그렇게 될 수 있을지 잘 모르겠다. 지체와 불확실성 속의 긴장은 여전히 불편하다. 하지만 나는 공백의 순간들의 구속적인 특성을 이해하기 시작했다. 나의 약함을 더 깊은 영적 성장을 위한 기회로, 내가 모르는 것보다 하나님이 어떤 분이신지에 집중할 기회로 보고 받아들이기 시작했다. 기다림이 힘들고 흔하지만 나는 인내하며 사려 깊게 기다림에 접근하기 시작했다. 이제 나는 기다림에 덜 충격받고 덜 짜증낸다. 이 책을 쓰면서 하나님을 기다릴 기회를 덜 놓치게 되었다. 여전히 쉽지는 않지만 나는 기다림에 대해 덜 반응적이고 더 의도적으로 변하고 있다. 하나님이 그분을 기다리는 자들을 위해 역사하신다는 사실을 전보다 더욱 확신하게 되었다(사 64:4). 나는 그 역사를 직접 보았다. 그래서 이제는 다른 사람들도 잘 기다리도록 돕는 법을 찾고 있다.

나는 기다림을 받아들이기 위한 더 많은 방법을 찾고 있다.

당신도 그렇게 하기를 바란다.

기다림을 받아들이면서 배운 교훈

우리의 여행이 끝나 가는 지금, 내가 기다림에 관해 생각하고 쓰면서 배운 개인적인 교훈을 몇 가지 나누고 싶다. 이 교훈들이 마음에 와닿기를 바란다. 스스로 얻은 교훈을 얼마든지 덧붙여도 좋다. 당신과 같은 독자들이 하나님을 기다리는 것을 받아들이기 시작한 과정과 그 과정에서 배운 것들에 관해 듣고 싶다.

하나님을 기다리는 법을 배우는 과정은 놀라운 여행이었다. 그 과정에서 나는 다섯 가지 교훈을 얻었다.

기다림을 싫어하는 것은 통제 욕구와 관련이 있다

나는 기다림을 왜 싫어하는가? 개인적인 경험을 돌아보고 이 책을 쓰면서 내게 중요한 질문이었다. 감정과 반응을 확인하기는 아주 쉬웠다. 좌절감이나 두려움, 불안, 분노가 나의 감정과 반응이었다. 하지만 그 이면에 있는 것을 파악해야 했다. 이제 나는 통제 욕구가 나의 근본문제라는 것을 안다. 기다림은 내 삶을 통제하려는 욕구에 제동을 건다. 무슨 일이 벌어지는지를 파악하고 타이밍을 알고 결과를 확실히 알면 안심이 된다. 반면에 내가 통제할 수 없는 상황이 찾아오면 불안해진다. 이 점을 알고 나니 공백의 순간들을 하나님께 의지할 기회로 보는 데 도움이 되었다. 하나님이 어떤 분이며 무엇을 약속하셨는지를 아는 데서 오는 평안을 누릴 수 있었다.

기다림을 받아들이려면 내 통제 욕구를 내려놓아야 한다.

문화적으로나 개인적으로나 기다림은 점점 더 쉽지 않다

세상에는 기다림을 가치 있게 여기는 삶에서 멀어지게 만드는 요인들이 작용하고 있으며, 상황은 전혀 나아지지 않고 있다. 빨리 움직여야 할 이유가 주변에 가득하다 보니 나도 모르게 속도와 효율성에 익숙해졌다. 나도 모르는 사이에 내 기대들이 변했고, 그런 기대가 내 삶의 거의 모든 영역으로 스며드는 것을 막기가 정말 힘들다. 나아가 삶의 경험도 불안을 부추길 수 있다. 실제로 나는 일이 잘못되어 고통을 겪은 적이 많기 때문이다.

하지만 내 주변과 내 안의 이런 경향을 깨달은 덕분에 그런 어려움을 마치 백색소음처럼 다룰 수 있게 되었다. 이제 내가 기다리기 힘들어할 때 이런 점을 예전보다 더 분명히 인식할 수 있고, 답이나 해법을 빨리 얻으려는 충동을 예전보다 더 잘 뿌리칠 수 있다.

기다림을 받아들이려면 우리 안팎의 유혹을 뿌리쳐야만 한다.

그리스도인의 삶에서 하나님을 기다리는 것은
선택의 문제가 아니다

내게 부족한 한 영역을 개선하려는 생각으로 이 여행을

시작했다. 하지만 곧 하나님을 기다리는 것이 예수님을 따르는 삶의 중요한 측면임을 깨달았다. 앤드류 머리는 자신의 책 마무리 부분에 다음과 같이 썼다.

> 사랑하는 그리스도인들이여, 기다림이 그리스도인의 수많은 덕목 중 하나요 가끔씩 생각해야 할 것이 아니라 그리스도인 삶의 중심에 있는 태도라는 사실이 보이기 시작하지 않는가?[43]

기다림은 그리스도 안에 거하는 것이다. 기다림은 하나님을 믿고 의지하는 것이다. 기다림은 제자의 길에 정상적이고도 중심적인 요소다. 따라서 무시하지 말아야 한다. 그리스도인이 되는 것은 곧 하나님을 기다리는 것이다. 이 점을 이해하면 이 중요한 영역에서 자라고 싶은 마음이 강해진다. 이 점을 이해하면서 기다림에 관한 생각이 바뀌고 기다림을 가치 있게 여기게 되었다.

기다림을 받아들이면 영적 성숙과 하나님과의 친밀함이 깊어진다.

날마다 하나님을 기다리면

반응을 절제하고 평안을 얻는 데 도움이 된다

나는 의도적인 기다림과 내 반응 사이의 관계를 알게 되었다. 물론 나는 여전히 기다리는 것을 싫어하고, 앞으로도 기다림이 좋아질 것 같지는 않다. 하지만 계속 이어 가고 싶은 이 여행 덕분에 많은 자유를 경험했다.

하나님을 기다리는 것을 날마다의 훈련으로 받아들이자 놀라운 열매들이 나타났다. 매일 몇 분간 시간을 내어 초점을 맞추고 경배하고 찾고 믿었더니 눈에 띄는 열매가 맺혔다. 이제 지체되는 상황이 덜 충격으로 다가온다. 불확실성을 더 참을 수 있다. 이제 예전만큼 빨리 말하거나 반응하지 않는다. 내 삶의 훨씬 더 많은 순간 속으로 하나님을 초대하고 있다. 걱정과 스트레스가 전보다 덜하다. 내 짐이 더 가벼워진 것 같고, 내 구주와 더 가까워진 것을 느낀다. 기다림의 공백을 반응으로 채우는 경우가 훨씬 줄어들었다.

기다림을 받아들이면 성장의 길이 펼쳐진다.

내가 기다리는 동안 하나님이 역사하신다

나는 하나님을 기다리면서 그분의 구체적인 개입을 경

험했다. 그 개입은 먼저 내 안에서 시작되었다. 하나님을 기다리는 동안 내 안에서 인내, 기쁨, 감사가 커지는 것을 느꼈다. 내가 모르는 부분을 덜 생각하고 하나님에 관한 진리를 더 묵상하게 되었다. 나는 여전히 똑같은 사람이지만 하나님이 내 영혼 속에서 강력하게 역사하시는 것을 느낀다. 내가 하나님을 기다리는 동안 나타난 그분의 역사를 생각하면 놀랍기 그지없다.

하나님께 시간을 드리고 성급하게 행동하려는 충동을 뿌리쳤더니 문제가 풀리고 해법이 나타나고 사람들이 회개하고 갈등이 해결되었다. 기다리는 동안 나타난 기도의 구체적인 응답들은 실로 놀라웠다. 하나님이 그분을 기다리는 자들을 위해 역사하신다는 것을 예전에도 머리로는 알았지만 이제 정말로 그렇다는 것을 직접 경험했다.

기다림을 받아들이면 하나님의 역사를 경험할 기회를 얻는다.

하나님을 기다리고 기다리다

인생은 공백의 순간들, 곧 하나님을 기다릴 기회로 가

득하다. 따라서 이 책은 시작일 뿐이다. 기다리는 것이 문제가 아니라 '어떻게' 기다리는가가 중요한 문제이다. 이제 전보다 더 잘 기다릴 의지와 능력을 얻었으리라 믿는다. 더 잘 준비하여 기다릴 수 있도록 어떻게 기다려야 할지를 다시 확인하고 넘어가자.

* 묵묵히: 기다림은 힘들다
* 자주: 기다림은 흔하다
* 말씀을 붙들며: 기다림은 성경적이다
* 인내로: 기다림은 느리다
* 적극적으로: 기다림은 명령이다
* 함께: 기다림은 관계적이다

언젠가 우리의 기다림이 끝날 날이 올 것이다. 그날 우리 믿음의 열매를 보게 될 것이다. 모든 것이 완성될 것이다. 영원한 삶이 시간에 대한 우리의 일시적인 관념을 대신할 것이다. 그렇다고 모든 것이 빨라진다는 뜻은 아니다. 단지 고통의 공백들은 더 이상 없을 것이다. 무엇보다도 우리 하나님의 실체를 보게 될 것이다. 하나님과 영원히 함께할 것이기 때문에 그분이 어떤 분이신지를 정확히 알게 될 것이다.

그 위대한 날까지 우리는 하나님을 기다린다.

조급함과 좌절감으로 기다림을 낭비하지 말자. 기다림은 삶의 불확실한 상황 속에서 하나님을 믿고 의지할 때 찾아오는 놀라운 위로를 경험할 기회이다.

해돋이를 놓치지 말라.

하나님을 계속해서 기다리라.

> 내가 산 자들의 땅에서 여호와의 선하심을 보게 될 줄 확실히 믿었도다 너는 여호와를 기다릴지어다 강하고 담대하며 여호와를 기다릴지어다(시 27:13-14).

부록

인생의 공백기에 붙들 하나님의 말씀들

1 하나님은 어떤 분이신가
2 내가 만난 하나님은 어떤 분이신가
3 기다림의 시간 속에서 만난 신실하신 하나님
4 기다림 속에 있는 시편 기자의 고백

○ 1 하나님은 어떤 분이신가 ○

하나님은
_____ 이시다

- 여호와는 압제를 당하는 자의 요새이시요 환난 때의 요새이시로다(시 9:9).

- 여호와께서는 영원무궁하도록 왕이시니 이방 나라들이 주의 땅에서 멸망하였나이다(시 10:16).

- 여호와께서는 그의 성전에 계시고 여호와의 보좌는 하늘에 있음이여 그의 눈이 인생을 통촉하시고 그의 안목이 그들을 감찰하시도다(시 11:4).

- 여호와는 의로우사 의로운 일을 좋아하시나니 정직한 자는 그의 얼굴을 뵈오리로다(시 11:7).

- 여호와는 나의 산업과 나의 잔의 소득이시니 나의 분깃을 지키시나이다(시 16:5).

- 여호와는 나의 반석이시요 나의 요새시요 나를 건지시는 이시요 나의 하나님이시요 내가 그 안에 피할 나의 바위시요 나의 방패시요 나의 구원의 뿔이시요 나의 산성이시로다(시 18:2).

- 여호와는 나의 목자시니 내게 부족함이 없으리로다(시 23:1).

- 여호와는 나의 빛이요 나의 구원이시니 내가 누구를 두려워하리요 여호와는 내 생명의 능력이시니 내가 누구를 무

서워하리요(시 27:1).

° 여호와는 나의 힘과 나의 방패이시니 내 마음이 그를 의지하여 도움을 얻었도다 그러므로 내 마음이 크게 기뻐하며 내 노래로 그를 찬송하리로다(시 28:7).

° 너희는 여호와의 선하심을 맛보아 알지어다 그에게 피하는 자는 복이 있도다(시 34:8).

° 여호와는 궁휼이 많으시고 은혜로우시며 노하기를 더디 하시고 인자하심이 풍부하시도다(시 103:8).

° 여호와는 내 편이시라 내가 두려워하지 아니하리니 사람이 내게 어찌할까(시 118:6).

° 여호와는 나의 능력과 찬송이시요 또 나의 구원이 되셨도다(시 118:14).

° 여호와는 너를 지키시는 이시라 여호와께서 네 오른쪽에서 네 그늘이 되시나니(시 121:5).

° 여호와께서는 자기에게 간구하는 모든 자 곧 진실하게 간구하는 모든 자에게 가까이 하시는도다(시 145:18).

○ 2 내가 만난 하나님은 어떤 분이신가 ○

하나님은 나에게
　　　　＿＿＿＿＿＿이십니다

° 여호와여 주는 나의 방패시오 나의 영광이시오 나의 머리를 드시는 자이시니이다(시 3:3).

° 내가 여호와께 아뢰되 주는 나의 주님이시오니 주 밖에는 나의 복이 없다 하였나이다(시 16:2).

° 여호와여 그러하여도 나는 주께 의지하고 말하기를 주는 내 하나님이시라 하였나이다(시 31:14).

° 주는 나의 은신처이오니 환난에서 나를 보호하시고 구원의 노래로 나를 두르시리이다(시 32:7).

° 나는 가난하고 궁핍하오나 주께서는 나를 생각하시오니 주는 나의 도움이시요 나를 건지시는 이시라 나의 하나님이여 지체하지 마소서(시 40:17).

° 주 여호와여 주는 나의 소망이시요 내가 어릴 때부터 신뢰한 이시라(시 71:5).

° 주는 기이한 일을 행하신 하나님이시라 민족들 중에 주의 능력을 알리시고(시 77:14).

° 주는 선하사 사죄하기를 즐거워하시며 주께 부르짖는 자에게 인자함이 후하심이니이다(시 86:5).

° 그러나 주여 주는 긍휼히 여기시며 은혜를 베푸시며 노하기를 더디하시며 인자와 진실이 풍성하신 하나님이시오

니(시 86:15).

○ 주는 나의 하나님이시니 내가 주께 감사하리이다 주는 나의 하나님이시라 내가 주를 높이리이다(시 118:28).

○ 여호와여 내가 주께 부르짖어 말하기를 주는 나의 피난처시요 살아 있는 사람들의 땅에서 나의 분깃이시라 하였나이다(시 142:5).

○ 3 기다림의 시간 속에서 만난 신실하신 하나님 ○

'하나님의 신실하심 지도' 만들기

설명

목표는 인내를 얻기 위해 지난 기다림의 시간들 속에서 하나님의 신실하심을 확인하고 중요한 교훈을 되새기는 것이다. 기록 노트는 다음 네 부분으로 이루어져 있다.

- 상황: 기다림의 상황을 간략히 묘사하라
- 해결: 상황이 어떻게 해결되거나 마무리되었는지를 정리해 보라
- "하나님은 …이시다": 당시 의미 있었던 하나님의 몇 가지 성품을 찾아보라
- 교훈: 배운 진리나 원칙을 기록하라

상황	해결	"하나님은 …이시다"	교훈

○ 4 기다림 속에 있는 시편 기자의 고백 ○

시편 속의
기다림

- 주를 바라는 자들은 수치를 당하지 아니하려니와 까닭 없이 속이는 자들은 수치를 당하리이다(시 25:3).

- 주의 진리로 나를 지도하시고 교훈하소서 주는 내 구원의 하나님이시니 내가 종일 주를 기다리나이다(시 25:5).

- 내가 주를 바라오니 성실과 정직으로 나를 보호하소서(시 25:21).

- 너는 여호와를 기다릴지어다 강하고 담대하며
  여호와를 기다릴지어다(시 27:14).

- 여호와를 바라는 너희들아 강하고 담대하라(시 31:24).

- 우리 영혼이 여호와를 바람이여
  그는 우리의 도움과 방패시로다(시 33:20).

- 여호와 앞에 잠잠하고 참고 기다리라 자기 길이 형통하며
  악한 꾀를 이루는 자 때문에 불평하지 말지어다(시 37:7).

- 진실로 악을 행하는 자들은 끊어질 것이나
  여호와를 소망하는 자들은 땅을 차지하리로다(시 37:9).

- 여호와를 바라고 그의 도를 지키라
  그리하면 네가 땅을 차지하게 하실 것이라
  악인이 끊어질 때에 네가 똑똑히 보리로다(시 37:34).

- 여호와여 내가 주를 바랐사오니
  내 주 하나님이 내게 응답하시리이다(시 38:15).

º   주여 이제 내가 무엇을 바라리요
    나의 소망은 주께 있나이다(시 39:7).

º   내가 여호와를 기다리고 기다렸더니
    귀를 기울이사 나의 부르짖음을 들으셨도다(시 40:1).

º   주께서 이를 행하셨으므로 내가 영원히 주께 감사하고
    주의 이름이 선하시므로 주의 성도 앞에서
    내가 주의 이름을 사모하리이다(시 52:9).

º   나의 영혼이 잠잠히 하나님만 바람이여
    나의 구원이 그에게서 나오는도다(시 62:1).

º   나의 영혼아 잠잠히 하나님만 바라라
    무릇 나의 소망이 그로부터 나오는도다(시 62:5).

º   내가 부르짖음으로 피곤하여 나의 목이 마르며
    나의 하나님을 바라서 나의 눈이 쇠하였나이다(시 69:3).

º   그러나 그들은 그가 행하신 일을 곧 잊어버리며
    그의 가르침을 기다리지 아니하고(시 106:13).

º   나 곧 내 영혼은 여호와를 기다리며
    나는 주의 말씀을 바라는도다(시 130:5).

º   파수꾼이 아침을 기다림보다 내 영혼이 주를 더 기다리나
    니 참으로 파수꾼이 아침을 기다림보다 더하도다(시 130:6).

。주

1. Tom Petty, "The Waiting," track 1, Hard Promises (Universal City, CA: Backstreet, 1981.

2. John Stevens, "Decreasing Attention Spans and Your Website, Social Media Strategy," *Adweek*, 2016년 6월 7일, https:// adweek.com.

3. John E. Hartley, "1994 הנק,", *Theological Wordbook of the Old Testament*, R. Laird Harris, Gleason L. Archer Jr., Bruce K. Waltke 편집 (Chicago: Moody, 1999), 791.

4. Ben Patterson, *Waiting: Finding Hope When God Seems Silent* (Downers Grove, IL: InterVarsity Press, 1989), 12. 벤 패터슨, 《기다림》(브니엘 출간).

5. Andrew Murray, *Waiting on God! Daily Messages for a Month* (New York: Revell, 1896), 54-55.

6. Betsy Childs Howard, *Seasons of Waiting: Walking by Faith When Dreams Are Delayed* (Wheaton, IL: Crossway, 2016), 11.

7. Howard, *Seasons of Waiting*, 107.

8. Betsy Childs Howard, *Seasons of Waiting: Walking by Faith When*

Dreams Are Delayed (Wheaton, IL: Crossway, 2016), 88.

9. Mark Vroegop, *Dark Clouds, Deep Mercy: Discovering the Grace of Lament* (Wheaton, IL: Crossway, 2019). 마크 브로갑, 《짙은 구름, 더 깊은 긍휼》(두란노 출간).

10. Chelsea Wild, "Why Your Brain Hates Slowpokes," *Nautilus*, 2015년 3월 2일, 2023년 1월 21일에 확인, https://nautil.us/.

11. Wild, "Why Your Brain Hates Slowpokes."

12. Peter Scazzero, *The Emotionally Healthy Leader: How Transforming Your Inner Life Will Deeply Transform Your Church, Team, and the World* (Grand Rapids, MI: Zondervan, 2015), 282-83. 피터 스카지로, 《정서적으로 건강한 리더》(두란노 출간).

13. Scazzero, *The Emotionally Healthy Leader*, 282.

14. Charles Spurgeon, *The Promises of God: A New Edition of the Classic Devotional Based on the English Standard Version*, ed. Tim Chester (Wheaton, IL: Crossway, 2019), "July 27" entry.

15. John E. Hartley, "1994 הנק," *Theological Wordbook of the Old Testament*, R. Laird Harris, Gleason L. Archer Jr., Bruce K. Waltke 편집 (Chicago: Moody, 1999), 791.

16. Francis Brown, Samuel Rolles Driver, Charles Augustus Briggs, *Enhanced Brown-Driver-Briggs Hebrew and English Lexicon* (Oxford, UK: Clarendon Press, 1977), 875.

17. Paul R. Gilchrist, "859 לחי," *Theological Wordbook of the Old Testament*, 373-374.

18. Andrew Murray, *Waiting on God! Daily Messages for a Month* (New York: Revell, 1896), 45-46.

19. Aaron C. Fenlason, "Hope," *Lexham Theological Wordbook*, Douglas Mangum 등 편집, Lexham Bible Reference Series (Bellingham, WA: Lexham Press, 2014).

20. James Strong, *A Concise Dictionary of the Words in the Greek*

Testament and The Hebrew Bible (Bellingham, WA: Logos Bible Software, 2009), 61.

21. *Dictionary.com*, s.v. "waiting," 2023년 3월 24일 확인, https://www.dictionary.com/.

22. *Merriam-Webster*, s.v. "waiting," 2023년 3월 24일 확인, https://www.merriam-webster.com/.

23. *Merriam-Webster*, s.v. "waiting."

24. Maxie Dunnam, "A Heart Close to God," *Deepening Your Ministry through Prayer and Personal Growth: 30 Strategies to Transform Your Ministry*, Marshall Shelley 편집 (Nashville, TN: Moorings, 1996), 41.

25. Murray, *Waiting on God!*, 48.

26. Eugene H. Peterson, *A Long Obedience in the Same Direction: Discipleship in an Instant Society*, commemorative ed. (Downers Grove, IL: InterVarsity Press, 2019), 138. 유진 피터슨, 《한 길 가는 순례자》(IVP 출간).

27. Murray, *Waiting on God!*, 47-48.

28. Johannes P. Louw와 Eugene Albert Nida, *Greek-English Lexicon of the New Testament: Based on Semantic Domains* (New York: United Bible Societies, 1996), 306.

29. Louw와 Nida, *Greek-English Lexicon of the New Testament*, 306.

30. Eugene H. Peterson, *A Long Obedience in the Same Direction: Discipleship in an Instant Society*, commemorative ed. (Downers Grove, IL: InterVarsity Press, 2019), 126-127. 유진 피터슨, 《한 길 가는 순례자》(IVP 출간).

31. Andrew Murray, *Waiting on God! Daily Messages for a Month* (New York: Revell, 1896), 68.

32. C. S. Lewis, *Letters to Malcom: Chiefly on Prayer* (San Diego: Harcourt, 1992), 25. C. S. 루이스, 《개인 기도》(홍성사 출간).

33. Murray, *Waiting on God!*, 24, 31.

34. Andrew Murray, *Waiting on God! Daily Messages for a Month* (New York: Revell, 1896), 28.

35. Ingrid Spellnes Faro, "Strength," in *Lexham Theological Wordbook*, ed. Douglas Mangum et al., Lexham Bible Reference Series (Bellingham, WA: Lexham Press, 2014).

36. Eugene H. Peterson, *A Long Obedience in the Same Direction: Discipleship in an Instant Society*, commemorative ed. (Downers Grove: InterVarsity Press, 2019), 136.

37. Dallas Willard, *Renovation of the Heart: Putting on the Character of Christ* (Colorado Springs, CO: NavPress, 2002), 93-94.

38. Murray, *Waiting on God!*, 44.

39. Andrew Murray, *Waiting on God! Daily Messages for a Month* (New York: Revell, 1896), 138.

40. Nancy Guthrie, *Blessed: Experiencing the Promise of the Book of Revelation* (Wheaton, IL: Crossway, 2022), 145.

41. Murray, *Waiting on God!*, 58.

42. Murray, *Waiting on God!*, 40.

43. Andrew Murray, *Waiting on God! Daily Messages for a Month* (New York: Revell, 1896), 116.

。 참고문헌

- Brown, Francis, Samuel Driver, and Charles Briggs. *Enhanced Brown-Driver-Briggs Hebrew and English Lexicon*. Oxford, UK: Clarendon Press, 1977.
- Dunnam, Maxie. "A Heart Close to God." In *Deepening Your Ministry through Prayer and Personal Growth: 30 Strategies to Transform Your Ministry*, edited by Marshall Shelley. Library of Christian Leadership. Nashville, TN: Moorings, 1996.
- Faro, Ingrid Spellnes. "Strength." In *Lexham Theological Wordbook*, edited by Douglas Mangum et al. Lexham Bible Reference Series. Bellingham, WA: Lexham Press, 2014.
- Fenlason, Aaron C. "Hope." In Lexham *Theological Wordbook*, edited by Douglas Mangum et al. Lexham Bible Reference Series. Bellingham, WA: Lexham Press, 2014.
- Guthrie, Nancy. *Blessed: Experiencing the Promise of the Book of Revelation*. Wheaton, IL: Crossway, 2022.
- Hartley, John E. "1994 הָוָק." In *Theological Wordbook of the Old Testament*, edited by R. Laird Harris, Gleason L. Archer Jr., and Bruce K. Waltke. Chicago: Moody, 1999.
- Howard, Betsy Childs. *Seasons of Waiting: Walking by Faith When Dreams Are Delayed*. Wheaton, IL: Crossway, 2016.
- Lewis, C. S. *Letters to Malcom: Chiefly on Prayer*. San Diego: Harcourt, 1992.
- Louw, Johannes P., and Eugene Albert Nida. *Greek-English*

Lexicon of the New Testament: Based on Semantic Domains. New York: United Bible Societies, 1996.
- Murray, Andrew. *Waiting on God! Daily Messages for a Month*. New York: Revell, 1896.
- Patterson, Ben. *Waiting: Finding Hope When God Seems Silent*. Downers Grove, IL: InterVarsity Press, 1989.
- Peterson, Eugene. *A Long Obedience in the Same Direction: Discipleship in an Instant Society*. Commemorative Edition. Downers Grove, IL: InterVarsity Press, 2019.
- ———. *The Message: The Bible in Contemporary Language*. Colorado Springs, CO: NavPress, 2005.
- Scazzero, Peter. *The Emotionally Healthy Leader: How Transforming Your Inner Life Will Deeply Transform Your Church, Team, and the World*. Grand Rapids, MI: Zondervan, 2015.
- Spurgeon, Charles. *The Promises of God: A New Edition of the Classic Devotional Based on the English Standard Version*. Edited by Tim Chester. Wheaton, IL: Crossway, 2019.
- Strong, James. *A Concise Dictionary of the Words in the Greek Testament and the Hebrew Bible*. Bellingham, WA: Logos Bible Software, 2009.
- Wald, Chelsea. "Why Your Brain Hates Slowpokes." *Nautilus* (March 2, 2015). Accessed January 21, 2023. https:// nautil .us/.
- Willard, Dallas. *Renovation of the Heart: Putting on the Character of Christ*. Colorado Springs, CO: NavPress, 2002.